# ANNA

## EN

# MARIA TESSELSCHADE,

### DE DOCHTERS

### VAN

# ROEMER VISSCHER,

door

## M.ᵣ JACOBUS SCHELTEMA,

Lid van het Koninklijk Inſtituut,
Secretaris der tweede klasſe
van hetzelve, enz.

Genoegh is meer.    Elck zyn waerom.

TE AMSTERDAM
bij J. W. IJNTEMA en COMP.
MDCCCVIII.

# A N N A

## EN

# MARIA TESSELSCHADE,

## DE DOCHTERS

## VAN

# ROEMER VISSCHER.

# AAN DE

# NEDERLANDSCHE

# VROUWEN.

Lust, pligt en belang gebieden mij, om deze poging, tot hernieuwing van de gedachtenis aan de verdienſten van ANNA en MARIA TESSELSCHADE VISSCHER, U toe te wijden.

De

De hóop, dat deze eerbiedige hulde U niet onaangenaam zal zijn, wakkerde mijnen *lust* geftadig aan; iets tot uw genoegen bij te brengen, befchouwde ik immer als *pligt*, en uwe befcherming komt mij van het meeste *belang* voor, niet alleen ten opzigte van mijzelven, maar ook voor den naam der doorluchtige voorwerpen mijner dankbare befchouwing, zelfs ook voor onze Vaderlandfche Letterkunde.

Uwe gunst zal mij zeker te ftade komen, en mij dekken tegen alle verkeerde beoordeeling en miskenning. Men zal mij misfchien, daar ik gaarne erken, dat het verdienftelijk Zusterpaar mij onbedenkelijk lief en waard geworden is, wel van eenige dweeperij jegens dezelve befchuldigen: dan hoe gaarne dweept een Man met beminnelijke Vrouwen? Gij zult zeker deze ligte zonde mij wel ligtelijk vergeven; en wie zal ze mij dan toerekenen?

De nagedachtenis van beide Zusters heeft

voor-

vooral uwe befcherming noodig. Beider namen zijn eenmaal in het ftof der vergetelheid geraakt; uwe zorg kan dit alleen voor het vervolg voorkomen. Beftraalt Gij beider naam met de zon uwer gunfte, dan kan het niet misfen, of de kennis van hare waarde neemt geftadig toe, en de glans dier namen zal met onverwelkelijken luifter blijven pralen. Beide Zusters hebben in haren leeftijd zoo veel voor de eer van uwe Sexe gedaan, en over dezelve zoo veel licht verfpreid, dat ik mij wel verzekerd durf houden, dat Gij uwe wederkeerige verpligting zult inzien, zonder dat ik U hiertoe eenigzins behoef te nopen. Dan boven dit alles zie ik het meeste voordeel in uwe gunst voor onze Letterkunde.

Vereert Gij mijn werk met uwe goedkeuring, dan zullen zeker bekwamer Schrijvers zich aangemoedigd zien, om hunne kunde en vlijt insgelijks te befteden, zoo aan de opfporing, als tot de meerdere bekendmaking der waarde van

an-

andere verdienftelijke Nederlandfche geleerde en
kunftige Vrouwen , waarvan de nagedachtenis
maar al te zeer verwaarloosd is, en in welk
bevallig vak de roem der Nederlanders boven
dien van alle andere Volken zoude kunnen ge‹
handhaafd worden.

En begeeft Gij Uzelve , Beminnelijken ! en
bemoedigt Gij uwe Dochters , tot de beoëfe-
ning der fchoone voortbrengfelen van het verftand en van den geest der Schrijvers en Dichters uit de Gouden Eeuw onzer Letterkunde ,
die nu bijna geheel vergeten zijn , ja verfmaad
worden , — ontwijfelbaar zeker zullen wij ons
hiervan het best gevolg kunnen beloven. Uw
meer doordringend oordeel , uw fijner vernuft,
uwe juistere bevatting zullen dan zeker fchoon-
heden en fchatten opmerken en ontdekken, die
wij Mannen voorbijzagen ; — uwe meerdere
kieschheid , uwe U eigenaardige bevalligheid
zullen aan die voorwerpen, bij de mededeeling,
verwerking en ten toonftelling , eenen luister,

eene

eene waarde hechten, die wij nimmer aan dezelve zouden kunnen bijzetten.

'Vergunt mij, dat ik U bidde, ja bij het belang van onze onfchatbaar rijke Letterkunde bezwere, om het uwe hieraan te willen toebrengen, en U tevens fmeeke tot het inboezemen aan de uwen van afkeer voor zoo vele vreemde gefchriften, vol van klatergoud en wildzang, met welke, of met welker vertaling, wij thans bijna overftroomd worden; dit kan op niets anders uitloopen, dan op eene geheele verbastering van den nationalen geest, fmaak en karakter, zelfs van Vaderlandfche zeden.

Vergeeft mij deze bede; zij is alleen eene herinnering tot het diep gevoel van de hooge waarde, welke de Nederlandfche Vrouwen immer, zoo wel in het zedelijke als in het verftandelijke, hebben bezeten.

* 4            Aan

Aan dit diep gevoel zult Gij, hoop ik, het genoegen wel willen toekennen, hetwelk ik ondervind, nu ik mij openlijk mag noemen en onderfchrijven, als

Uwen U vereerenden Landgenoot
en eerbiedigften Dienaar,

JACOBUS SCHELTEMA.

# VOORBERIGT.

~~~~~~~~~~~~~~~~

Ontvangt, Landgenooten! hierbij een Werkje, hetwelk, uit geringe beginfelen ontflaan,
boven verwachting in volledigheid is uitgede-
gen. Ik was eerst voornemens eene Aanteekening aangaande dit edel Zusterpaar voor mijne
Redevoering over de Brieven van P. C. HOOFT
te bewerken; de veelheid der floffe, die ik
vond,

*vond, deed mij toen tot het fchrijven van een*
Aanhangfel over HOOFTS Vriendinnen *beflui-*
*ten ; dan weldra werd dit befluit nog eens*
*veranderd, door dat ik genoegzamen voorraad*
*vond om een afzonderlijk Stuk te vervaardi-*
*gen, en zoo kwam er eene* Redevoering.

*De goedkeuring van verftandigen bij het*
*uitfpreken van dezelve, vooral van Vrouwen,*
*die tegenwoordig waren bij de openlijke Ver-*
*gadering van de Maatfchappij der Nederduit-*
*fche Letterkunde te* Leyden, *waarvoor deze*
*Redevoering opzettelijk gefchikt was, beloonde*
*mijne moeite ten volle ; dan ik zag tevens*
*mijnen lust, zoo wel als mijne vlijt, aange-*
*fpoord, om niets onbeproefd te laten ter ont-*
*dekkinge van meerdere berigten aangaande de*
*voorwerpen mijner pogingen. Reeds vroeg had*
*ik zeldzame heuschheid en zucht tot medewer-*
*king van de Heeren* JERONIMO DE VRIES,
*J.* KONING *en Mr. TH. VAN LIMBURG*
*ondervonden; dan op mijne uitnoodiging in de*
Vaderlandfche Letteroefeningen voor 1808.
*No. IV, en in de* Alkmaarfche Courant, *heb*
*ik zeer gunftige gevolgen gezien. De Heeren*
*J.* BROUWER *te* Leeuwarden, R. VAN EIN-
DEN *en P.* VAN BRAAM *te* Dordrecht,
J. W. DE CRANE *te* Franeker, A. VAN DER
SCHOOR

SCHOOR en V. SWART te Alkmaar, M. TY-
DEMAN te Leyden, J. VAN HALMAAL en
F. W. SCHLOSSER te Amsterdam, vereerden
mij met de mededeeling van door hun gevondene
stukken, of met aanwijzing van deze of gene
zaak of schrijver. Later ontving ik de schoon-
ste juweelen ter opsiering, van Mr. WILLEM
BILDERDIJK. Mijne dankbaarheid aan allen
wordt hierbij openlijk betuigd.

Ik heb verders bij mijnen arbeid niets te
voegen, dan mijnen wensch, dat ik gaarne
deze Redevoering en Bijvoegselen zie aangemerkt als een Vervolg of Tweede Deel van de
reeds vermelde Redevoering. Er is naauwkeurige zorg gedragen, om, hoezeer eenige zin-
sneden, die bijzondere betrekking hadden tot
ANNA en TESSELSCHADE, hier nogmaals
zijn ingeweven, beide stukken uit elkander te
houden, en niets van het gebezigde op nieuw
te gebruiken. Veel is er ook in dezen ontleend
uit HOOFT's Brieven.

Ontvangt dan ook dit Werkje in gunst, en
bevordert deszelfs gebruik. Ik mag het niet
verbergen, dat ik, om het belang van den
Uitgever, die geene kosten heeft gespaard ter
versiering in dezen, op beteren aftrek hoop,
dan, in weerwil van de uitstekend gunstige

aan-

aanprijzing in onze Tijdfchriften, met de eerfte Redevoering plaats heeft. Voor mijzelven
kan ik echter geene grootere zelfvoldoening
wenfchen. In de ongezochte en ongeveinsde
blijken van goedkeuring van de voornaamfte
Geleerden, inzonderheid in eenen zoo heufchen
als verpligtenden brief van den Edelen J. H.
VAN KINSBERGEN, vergezeld van een gouden fchrijfkoker, een gefchenk, waarop ik
grootsch ben om de waarde des Gevers, zag ik
mij boven verwachting, boven wenfchen beloond.

Eindelijk meld ik nog, dat de drie Afbeel-
dingen zijn vervaardigd door P. H. L. VAN
DER MEULEN. Het verftrekt mij tot geen
gering genoegen, den naam van dezen jongen
Friefchen Kunftenaar, die tot nog toe meest
voor andere Meesters werkte, hierdoor meer
bekend te maken.

Amfterdam,
den 2den van Slachtmaand,
1808.

AN-

# A N N A

## E N

# MARIA TESSELSCHADE,

## DE DOCHTERS

### VAN

# ROEMER VISSCHER.

——◄◆►——

### REDEVOERING.

Het genoegen, Toehoorders! hetwelk de
vlijtige onderzoeker van de Letterkundige Geschiedenis des Vaderlands ondervindt, bij het
zien, dat haar uitgestrekt veld doorgaans zorgvuldig is bewerkt, wordt nu en dan wel eens

A       ver-

verminderd, wanneer hij in dit veld nog on-
bebouwde ftreken en woeste gronden ontdekt.

Deze treurige aandoeningen worden fomtijds
met verwondering gemengd, wanneer hij ziet,
dat deze gronden blijken dragen van den we-
ligften aard, en bloemen en vruchten als van
zelven aanbieden, zoo dat genoegen, bij eer
en nut, het zeker gevolg zoude zijn van de
eerfte bewerking.

Dit gemengd gevoel werd onlangs bijzonder bij mij opgewekt, Mijne Vrienden! toen
ik, tot een ander einde nagaande, wat er
over ANNA en MARIA TESSELSCHADE, de
Dochters van ROEMER VISSCHER, gefchreven was, wel zeer vele gedeeltelijke en overal
verfpreide berigten vond, dan mij beklagen
moest, dat nimmer eenig Schrijver getracht
had, alle die berigten te verzamelen, en daar-
uit eene Levensbefchrijving te ftellen, welke
eenigzins beäntwoordde aan de verdienften van
dit edel paar Zusters.

Elk uwer, die geen vreemdeling is in de
werken van onze beste Schrijvers en Dichters
in de eerfte helft der Zeventiende Eeuwe,
weet wel, dat beide uitmunteden door kunst,
wetenfchap en deugd; dat beide, bij de vijftig
jaren; den luur van haren leeftijd, den roem
van

ROEMER VISSCHER.

van hare fexe, het fieraad van het Vaderland
en van hare Geboorteftad, *Amfterdam*, uit-
maakten : dan hoe weinig worden thans deze
werken gelezen? Van hier, dat zij zekerlijk
aan velen of niet, of naauwelijks bij name
bekend zijn; van hier, dat, wanneer de lof
der Nederlandfche Vrouwen eens wordt op-
gezongen, zelfs beider namen niet worden genoemd (1).

Het beklagen en befchuldigen alleen konden
aan mijn hart niet voldoen; weldra rees het
befef, dat het pligt was, dit ondankbaar ver-
zuim naar vermogen te verhelpen. Vereerd met
de benoeming, om bij deze openlijke zitting
het woord te voeren, befchouwde ik deze poging als gefchikt voor deze fpreekplaats. Wellust was het, de verlorene werken van beide
uit het ftof der vergetelheid op te zoeken; —
wellust werd het, deze werken met de getuigenisfen der voornaamfte Schrijvers en Dichters tot een geheel zamen te vlechten; — wellust is het, deze nafporingen, dezen arbeid
thans aan het oordeel van zoo vele verftandigen te onderwerpen.

Jegens u, Hoogstgeëerde Toehooderesfen!
gevoel ik echter dat ik zeer veel waag. Is
het eene als bewezen erkende ftelling, dat

Vrou-

Vrouwen alleen waardiglijk *door* Vrouwen kunnen worden geprezen, hoe zeker wordt zulks,
wanneer dit *voor* Vrouwen gefchieden moet!
Gij zult hier geheel en al die fmeltende over-
gangen, dat fijn vernuft, die teedere kieschheid misfen, welke dit onderwerp vorderde, en
de kenmerken zijn van der Vrouwen fchrijfftijl.
De overtuiging, echter, dat befcheidenheid
de getrouwe gezellin is der bevalligheid, bemoedigt mij genoegzaam, en Gij zult zeker
meer op mijnen wil, dan op de waarde des
werks letten, en uwe gewone zachte toege-
vendheid mij niet weigeren, welke ik thans
heufchelijk en eerbiedig inroep.

. Bij U, Mijne Heeren! vraag ik geene ver-
fchooning. Elke poging, voor de eer der beminnelijke Sexe ondernomen, beveelt zich bij
U van zelven. De rijkdom van het onderwerp
verbiedt alle vooraffpraak en uitweiding; de
bevalligheid van hetzelve zal zeker elke feil
van ftem en ftijl gereedelijk doen voorbijzien.

\* \* \*

ROEMER VISSCHER (2), de Vader van
de doorluchtige voorwerpen onzer befchouwin-
ge, was een rijk en aanzienlijk Koopman te
*Am-*

*Amſterdam* (*). Algemeen wordt hij vereerd, als een der verdienſtelijkſte opbouwers der Vaderlandſche Taal- en Dichtkunde. Hij maakte, met DIRK VOLKERTSZOON COORNHERT en HENDRIK LAURENSZOON SPIEGEL, het eerwaardig Driemanſchap (†) uit, hetwelk de zuiverheid der Nederduitſche taal trachtte te handhaven, de Vlaamſche en andere bastaardwoorden te verbannen, en orde en regel voor dezelve te beramen. Tevens was hij beſtuurder en een der ſchranderſte leden van de Kamer of Dichtſchool: *in liefde bloeijende* (§), en de vriend van de edelſte vernuften van zijnen tijd. Zijn huis was vooral de verzamelplaats van dezen en de leerplaats der Dichteren. Hier werden COSTER, BREEROO en VICTORIJN gevormd. VONDEL ontving hier de eerſte leiding en beſchaving van zijnen levendigen geeſt (‡), en vertaalde er, met hulp van REAEL en HOOFT, de *Troas* van SENECA. HOOFT bragt hier te berde, wat hij in *Italie* geleerd had. Niet alleen was het de

Dicht-

(*) WAGENAAR, *Amſterdam*, D. III. bl. 205.
(†) HUISINGA BAKKER, *Verhandeling over den Trant der Ned. Poëzij*. In de *Werken der Maatſch. van Letterkunde te Leyden*, D. V. bl. 87.
(§) Ald. bl. 100, 109.
(‡) VONDELS *Leven*, bl. 17—22.

A 3

Dichtkunst, aan wie dit huis als een tempel
was toegewijd ; maar de Zang-, Speel- en
Schilderkunst ondervonden het insgelijks (*).
De beoefenaars van deze kunften zagen hetzelve, zoo wel als het hart van den bewoner,
voor hun geopend. *Elck wat wils* (†) was zijne zinfpreuk, en tevens het kenmerk van zijnen gullen aard. Hoe zeer zijne eigene dichtwerken, meestal vóór HOOFTS reize bewerkt, doorgaans welluidendheid en maat misfen, kan men aan dezelve echter alle waarde
niet ontzeggen. Het diep opmerken en het
krachtig uitdrukken van zinrijke gedachten ver-
fchaften hem, door toekenning van JANUS
DOUZA (§) en anderen, den naam van den
*Hollandfchen* MARTIAAL, en zetten aan zijne
werken eene duurzame waarde bij.

. Geen wonder was het, dat, onder het geleide en toezigt van zulken Vader, en bij den
dagelijkfchen omgang met zulke Vrienden, de
verftandelijke vermogens van zijne fchrandere
Dochters zeer gunftig ontwikkeld werden.

ANNA was in 1584 geboren (‡) en tien jaren

---

(*) H. L. SPIEGELS *Leven* voor den *Hartfpiegel*, 1723.
(†) R. VISSCHERS *Zinnepoppen*, 1678. bl. 1 en 63.
(§) DOUZA, *Voorrede voor de eerfte uitgave van* M. STOKE,
(‡) G. BRANDT, *Dagwijzer der Gefchiedenisfen.*

ren ouder dan hare Zuster MARIA, aan wie
de Vader den zeldzamen naam TESSELSCHADE
toevoegde, ter gedachtenis van de zware fchade, die hem, door het verliezen van vele fche-
pen, in den ftorm van 1593, ter reede van
*Texel*, overkwam (*); een naam, met welken
zij naderhand het meest is bekend geworden en
wij haar ook vervolgens zullen noemen.

Aan beider opvoeding werd niets gefpaard :
behalve in de Zang-, Speel-, Dans- en Tee-
kenkunst, in het borduren, boetferen en glasfchrijven (3), werden zij onderwezen in de
Franfche en Italiaanfche talen. Uit alles blijkt,
dat van de gelegenheid tot vordering in dezen
door beiden het besté gebruik is gemaakt.

Zeide onlangs onze eerbiedwaardige Voorzit-
ter (†): *dat geleerdheid en dichtkunde wel*
*geen ouderlijk erfdeel zijn, maar dat eene*
*verftandige opvoeding en het blinkend voorbeeld*
*van een letterminnenden Vader dikwijls een*
*krachtigen invloed hebben op de gezindheid*
*der kinderen, om hun het voetfpoor van hun-*
*nen Vader te doen betreden*; zulks wordt
hier

(*) *Winterfe Avonden, of Nederl. Vertellingen*, 1615. bl. 230.
(†) De geleerde J. W. TE WATER, in de *Aanfpraak ter*
*opening van de groote Vergadering der Maatfchappij der Nederd.*
*Letterkunde*, 1807. afd. P. S. VAN WINTER, NIC. SIM. Z.

A 4

hier bevestigd. De vonken van poëtisch vuur werden ten eerfte ontdekt, zorgvuldig gadege-flagen, door lust aangeblazen, door oefening gevoed; weldra verwekten deze vonken eenen zachten gloed, die, geftadig al meer en meer flikkerende, eerlang de helderfte ftralen uit-fchoot; deze verfpreidden zich, en deden hare namen fpoedig met luister overal uitblin-ken. De overgeblevene dichtwerken, die ons zijn ter hand gekomen, houden den glans de-zer namen nog levendig.

Ik zie mij duidelijkheidshalve verpligt, om, bij het befchouwen van ieders lot en verdien-fte, eenige affcheiding te maken, en ben dus voornemens, den levensloop en de verrigtingen van ANNA eerst gade te flaan, — daarna mij op te houden bij die van TESSELSCHADE, — om dan ten flotte beider betrekkelijke waarde te vergelijken, en hare verdienften omtrent de Vaderlandfche Letterkunde te doen opmerken.

ANNA werd fpoedig met geftadige huiszorg belast, nadat hare teederbeminnende Moeder, weinig tijds na de geboorte van hare Zuster, ontflapen was (4). Hoogstloffelijk was haar
ge-

ANNA VISSCHER.

gedrag in dezen ; door verfcheidene Dichters
wordt zij tevens voorgefteld als een voorbeeld
van ouderliefde. Om haren Vader bij te ftaan,
die in zijne hooge jarep veel hulp vereischte
bij zwakheid van ligchaam en geest , floeg zij
verfcheidene aanvragen ten huwelijk af , en
werkte toen ter verbetering en volmaking van
zijn voornaamfte werk, de *Zinnepoppen*. Verfcheidene zinnebeelden werden door haar met
zaakrijke uitleggingen voorzien. Dit een en ander wordt door JACOB CATS (*) op de volgende wijze geprezen :

ANCHISES lam en ftram door veelheydt zijnder dagen,
Wiert op den kloecken hals van fijnen Soon gedragen,
   Dies is de Troyfche Helt, om fijn beleefden aert,
   Van yder hoogh geacht, de Wereldt deur vermaert.
Een Roomfche vrou behielt haer Vader in het leven,
Met in fijn ouden mondt haer teere borft te geven;
   Dies maeckt een yder een van hare daet gewagh,
   Na foo veel hondert Iaer, noch heden op den dagh.
Twee daden (na my dunckt) die geene daet en wijcken.
Noch derf ick u met beyd' ô ANNA vergelijcken.
   Ghy draeght, niet voor een reys, uw Vader hier of daer;
   Ghy draeght den ouden man geheel het ronde jaer;

Ghy

(*) *Mengeldichten*, bl. 475; ook voor R. VISSCHERS *Zinnepoppen.*

A 5

Ghy draeght met gantfcher kracht uws Vaders fwacke leden;
Ghy draeght, met zoet gedult, zijns geeftes fwackigheden;
  Ghy draeght, en ghy verdraeght al wat men draghen mach;
  Ghy zijt de gantfche vreught van fijnen ouden dagh.
ÆNEAS heeft ('t is waer) fijn lieve Vrouw verlooren
Doen hy fijn Vader droegh. Ghy geenen man verkooren,
  Om met te vryer hart te draghen defen man,
  Die niemandt nu en heeft die hem meer draghen kan.
Al geefdy mette borft uw Vader niet te fuygen,
Ghy houdt fijn leven op. Wy zijn u des getuygen;
  Wy weten, dat fijn lijf fou liggen fonder ziel,
  Indien uw heus onthael niet beyd' en onderhiel.
Sijn Ouders goedt te doen wert wel te recht geprefen,
Noch kan men nu en dan van fulcke dochters lefen.
  Die haren vader draeght, is hier en daer noch een,
  Maer, *die haer Vaders boeck verbetert*, ghy alleen.

Wij kunnen alle deze *verbeteringen* onmogelijk naar waarde gedenken. Twee proefjes mogen dienen, om haar vernuft en haren fmaak eenigzins te leeren kennen. Het een is op de fpreuk: *D'eene min brenght d'ander in.*

  Helaes! waer is de vriendtfchap heen?
  Dat klaeght, en vraeght, fchier yder een:
  En foeckt niet veer, f'is dicht by u,
  Maer is, gelijck de Echo, fchuw,
    Die ongeroepen blijft als ftom.
  De vriendtfchap die heeft oock waerom,

                        Dat

Dat fy foo felden haer laet fien:

Sy kan, noch wil niet zijn allien.

    Dus wie dat wenscht te zijn bemindt

Van and'ren, van fich felfs begint.

Want vriendtfchap voor bewefen jonft,

Dwingt met een heyl'ge toover-konft. (*) (5)


Het ander is een bijfchrift op de pijlen van Cupido.

    't Is verlooren, hoe een hert

    Om en t'om gewapent werdt:

    Stael en yfer zijn onnut,

    't Schilt van Pallas niet en fchut,

    Daer het kleyne eunjer wicht

    Doelt zijn groot vermogen fchicht.

    Doch daer is wel goede raet

    Tot dit onvermy'lijck quaet.

    Dranck van afzijn maeckt gefondt.

    Redens pleyfter heelt de wondt:

    Maer dit helpt niet, die kleynfeert

    Wacht tot dat de wonde fweert (†). (6)


Alle de *zinnepoppen* zijn door haar voorzien met een onderfchrift, beftaande in tweeregelige versjes; vele zijn er bij, die haar tot bijzondere eere verftrekken (7). Ik neem we-

der-

---

(*) *Zinnepoppen*, bl. 82. (†) Ald. bl. 191.

derom twee ftaaltjes uit de menigte. Onder
de afbeelding van een' Sprinkhaan, met het opfchrift : *Ick eet mijn korenken groene*, ftaat :

Die gildigh 't zijn verquiſt om niet te fchijnen vreck,
Wordt fieck van overvloet, en fterreft van gebreck (\*).

Op het zien van de ijdele grafpraal der Grooten, zeide zij :

Vervloeckte hovaerdy! waer ſäl men ootmoet leeren?
Als ghy aldus beheerſt ons alderdiepſt verneeren (†). (§)

Het was te dien tijde de gewoonte, door
het maken van gezangen voor gezelfchappen, de
vreugd van dezelve te vermeerderen. De edelfte vernuften, de aanzienlijkfte mannen fchaam-
den zich deze gewoonte niet. ANNA moet
hierbij zoo wel in ijver als in gaven hebben
uitgemunt (§), en ik vond haren naam, in het
fchoon bewerkt en kiesch Dichtftuk, de *Minnekunst*, in 1622 uitgegeven, vooral te dezen
met lof vermeld. De Dichter laat, na het
geven van den raad aan de vrijers, om zich
op het zingen toe te leggen, zich aldus hooren :

Doch

(\*) *Zinnepoppen*, bl. 95.  (†) Ald. bl. 47.
(§) HUYGENS, *Korenbloemen*, bl. 253.

Doch om door uw Gefang, en een aentreckend quelen,
Het hert van die u hoort al finghende te ftelen,
    Moet ghy voorfichtigh zijn in 't kiefen van uw Liet;
    Want fo het Dicht niet deugh', fo deught het finghen niet.
Uw ftem moet zijn begalmt met woordjes en met dinghen,
Die 't binnenft van de ziel al fmeltende deur-dringhen:
    En hier toe geeft u ftof fo menigh foet Gedicht
    Door Phœbi geeftigh volck gekomen in het licht:
So menigh minne-Lied vol vyers en aerdigheden,
Daer prachtigh mede praelt de gulden Eeuw van heden.
    Leeft maer de Liedjes eens van BREEROO, en van HOOFT;
    Wiens helle glantz den glantz der ouden heel verdooft;
Van ANNA, die haer mach een tweede Sappho roemen,
En die wy met goed recht de tiende Mufa noemen (9).

De liedjes, destijds door haar vervaardigd, werden met de fpreuk: *Alleen de hope*, geteekend (10). Waarfchijnlijk vervaardigde zij toen het Dichtftuk, getiteld: *De Roemfter van den Aemftel, of de Poëtifche Befchrijving van die Rivier* (11). Het ftuk zelf moge door te veel zwier, en door te groot gewoel van Goden, Godinnen, Bosch- Water- en Veldnimfen van allerlei aard, den Lezer fomtijds vermoeijen; men vindt er echter ook vele puikftalen van haar zacht fchilderend penfeel. Men houde zich eens met haar op aan den *Buiten-Amftel.*

De

De Bouman leeft hier ftil; de Rijkert op zijn hoef
Heeft alles wat hy wenscht, en alles wat hy hoeft;
Zijn landt-verfchaft hem al; hy leeft hier fonder duchten,
En hoeft voor 's ander daags te forgen noch te fuchten.
   Lust hem uyt tijdtverdrijf te visfchen met de roê
Of met een ruytigh net, hy heeft er water toe.
De *Aemftel* is vol visch en daar rontom veel meeren
Waar jaarlijcks met genot de Visfchers hun geneeren.
   Lust hem de vogeljacht; 't zij dat hy 't vinckjen laaght
Des avondts in de koelt, des morgens als het daaght,
Hy vanght in overvloedt; of gaat hy 't knipjen hanghen,
De fpreeuw blijft voor zijn 'moeyt' of 't meesje zijn 'ghevanghen.
   Lust hem met 't langhe roer te micken in de weyd,
Hij krijght de wilde gans of reygher een van beyd'.
Maar d' eendejacht alleen is 't zoetst van al bevonden,
Die in des Aemftels ftroom gepleegt wordt met de honden;
   Het eend, dat weyd'mans dier, dat is den brack te loos.
Wanneer hy langhen tijdt gefwommen heeft in 't kroos,
En dat het wordt gewaar, dat hy is op het happen,
Haar kort en na op 't lijf, foo weet het hem te ontfnappen
En duykelt na den grondt, dan ftaat de hondt en fiet
   Als een die voor zijn 'moeyt' maar vanght een enkeld niet,
Het hooft gaat gindsch en weer, het fpoor is hem ontweecken,
Tot dat hy 't eend van verr' weer fiet het hooft opfteecken,
   Daar vlijtigh achter her, hy weer met nieuwen lust
Swemt als hy deed voorheen, en jaaght foo fonder rust,
Tot dat in 't eind het eend vermeesterd in haar grepen,
Wordt van den fuellen brack ghevanghen en ghenepen,
                           Die

Die vlijtigh met den buyt dan na zijn meester keert
En willigh hem zijn roof voor een ftuk broots vereert.

Haar roem verfpreidde zich weldra allerwe-
gen; de voornaamfte Dichters (12) verhiéven
zichzelven, door haren lof te verheffen. Met
leedwezen moet ik nu den *Geboortezang* van
VONDEL (13) en het *Lofdicht* van DANIEL
HEINSIUS (14), beide juweelen van kunst
en oordeel, om hunne uitgeftrektheid, ftil-
zwijgend voorbijgaan.

CATS achtte ANNA bijzonder hoog. Hare
geestige vrolijkheid, eens bij uitftek gebleken
in een gezelfchap, waar hij tegenwoordig was,
veroorzaakte, dat hij zijn vroeger begonnen
en ter zijde gelegd werk, *over de Maagdepligten*, wederom opvatte en ten einde bragt.
Hij droeg dit bevallig en leerrijk Gedicht
aan haar op, met een uitmuntend vers, hetwelk, tot mijne verwondering, alleen in den
eerften afzonderlijken druk (15) van hetzelve
gevonden wordt. — Men hoore hem, hoe
hij zich tot haar wendt, na, met zijne gewone
breedvoerigheid, bewezen te hebben, dat het
ook der Vrouwen past, zich op letteroefeningen, en hierdoor op de verfraaijing en verrij-
king van haren geest, toe te leggen.

Maer

Maer wat beweecht ons doch, in over-waelfche boucken,
Den wijt-vermaerden lof der maechden op te foucken?
    U wil ick maer alleen, tot vastheyt van mijn woort,
    U wil ick maer alleen, U ANNA brengen voort.
U ANNA, helder licht van al dees' foete fcharen,
In welck' een eerbaer hart en wetenfchap hun paren.
    Wie fal niet roepen uyt, die by u heeft verkeert,
    Een maecht kan eerbaer zijn, en niet te min gheleert?
Ghy wert genoemt, 't is waer, de thiende van de Negen;
Die prijs comt u wel toe, maer noch ist niet ter degen;
    Ghy wert ghenaemt, 't is waer, de vierde van de Dry;
    't Waer elders veel ghefeyt, hier coomret noch niet by;
Brenght al uw gaven 't faem ghy drie-mael vier Godinnen,
Noch fuldy niet te veel op defe Maghet winnen,
    Want, fiet! wat uw ghetal can hebben in 't ghemeen,
    Heeft PALLAS uytgheftort in defe Maecht alleen.
Als ANNA fcherfen wil, THALIA moet haer wijcken;
Men mach haer in het ernst met CLIO verghelijcken.
    Ick fegge meer, door haer, door haer wert voortghebracht,
    Daer heel de Maechdenberg noyt op en heeft ghedacht;
Jonck-vrou, doen ghy my laetst, doen ghy my ginckt verma-
Nu met gheleerden jock, en dan met hoogher faken, (ken,
    Wat foeter dach was dat! het fcheen dat, my te fpijt,
    De fon haer reys volbracht in al te corten tijt.
Ghy ginckt tot ons ghenucht een nieuw befteck verfinnen,
Te weten, hoe een maecht haer draghen moet in 't minnen,
    En waer de leste pael van eer en fchaemte ftaet,
    Waer over nimmermeer een fedich hart en gaet.

                                                    Uw

Uw voorftel dacht my goet : hier door quam my te vooren,
Dat ick dees felve ftof wel eertijts had vercoren,
    Tot oeff'ning van den geest ; dies ginck ick naderhant,
    En focht mijn oudt ghedicht tot ick het wedervant:
Het lach daer in een hoeck, niet verre van 't verrotten,
Begraven onder 't ftof, bevochten van de motten:
    Ik nam het by der hant, verweckt als van den doot,
    En nu, met uw verlof, leg ick 't in uwen fchoot.


Het blijkt verders uit het flot van dit gedicht, hetwelk eene zamenfpraak is tusfchen
twee Maagden, PHYLLIS en ANNA, dat CATS
met de laatfte, aan wie hij, ter overtuiging van
de andere, wijze redenen in den mond legt,
onze ANNA bedoelde.


Siet! ANNA fpreeckt hier meest, een Maghet wel ervaren,
Om al der maechden eer in 't minnen te bewaren.
    Siet! ANNA wijst voor by, wat tucht en eer verkleent;
    En dubt niet in den naem, ghy zijt er mee ghemeent.
Siet! PHYLLIS ronde kout beeldt ons hier af de Dieren,
Die om der Liefdes toorts nu eerstmael komen fwieren,
    En prijfen wel haer glans, doch kennen niet haer kracht,
    Dat foetlijck fotte Volck, dat fott'lijck foet Gheflacht!
Die Duyven fonder gal, deef' half ontloken rofen,
Die naer een dellu fien, nu wat beftaen te blofen;
    Van defe nieuwe jeught is PHYLLIS ons een beelt,
    Als fy met vollen mont niet dan van trouwen queelt.

B

Wel

Wel aen, Joackvrou, wel aen; ontfangt uw eyghen wetten,
Die ghy tot het beftier der maechden-rey gingt fetten,
   En placktfe voor de deur van Venus hoogh gheflicht,
   Opdat een yder maecht mach weten haren plicht.

Hare uitmuntende bekwaamheid in alle vrouwelijke bezigheden en in andere kunften, als
fchilderen, glasfchrijven en boetferen, worden
nog eens hoogelijk door hem geroemd. De
voortreffelijke aanprijzing aan alle Vrouwen,
om zich bekwaam te maken in nuttige en
fraaije handwerken, wordt geëindigd met de
woorden :

   Wat dient er noch gefeyt? leer, fooje leeren kondt,
   Wat ANNA ROEMERS weet, of eerstmael ondervont,
Daer is het al gefeyt (*).

Hooft geeft van deze bekwaamheden eene
keurige getuigenis, in het volgend klinkdicht,
aan haar toegezonden :

Zoo 't u met diamant lust op het glas te ftippen,
   't Is in de vlinderteelt. Het geestige gedrocht
   Ziet oft het laeffenis aen fap, van druyven zocht;
En zit foo kuyn, men zoud' het van den roemer knippen.

                                Vat

(*) CATS, *Vrouwe*, bl. 376.

Vat' ghy penfeel of naeldt; daer worden kuyl' en klippen
Gefchaepen, bos en bergh; en 't vochte velds bedocht
Met groene graezen, daer 't welvaerendt vee nae togha.
Dat haelt zijn aêm, zoo 't fchijnt, en ftaet met gaende lippen.

Bootfeert uw aerdigh' handt, en maekt een mensch van leem;
't Haelt by PROMETHEUS werk. Maer als gh'u in de veem
Der zanggodinnen vlijt; en woorden, fchoon gefchreven,

Een redelijke ziel, met wackren zin, inftort,
Zoo blijkt, dat ghy al 't geen, dat lijf oft leven fchort,
Van beids kunt geven; dan den dichten 't eeuwigh leven (*).

De Drosfaard vereerde haar hoogelijk. Behalve dit dichtftuk en de versjes *bij* en *op den*
*Majeboom* (16), door mij reeds elders gedacht,
zond hij haar nog eenige andere gedichten en
gezangen (17). In zijne Brieven is veel tot
haren lof. Uit eenen is op te maken, dat,
zoo zij en hare Zuster al niet de Griekfche
taal beöefenden, zij ten minftê de werken
van Griekfche Schrijvers gekend hebben (18).
In een' anderen prijst hij haar oordeel op het
krachtigst (19). Uit vele blijkt ook zijne genegenheid, en tevens, dat zij dikwijls de lust
was van het gezelfchap op het Huis te *Mui-*
*den,*

(*) HOOFTs *Mengelwerk*, bl. 671.

B 2

*den*, en de vrolijkheid aldaar vermeerderde, door allerlei letterkundige aardigheden. Eens, om van meerdere te zwijgen, vervaardigde zij eenen weerklank op door HOOFT en HUYGENS gemaakte klinkdichten (20), en vlocht geestig den lof van beider vriendschap daar in :

Gelijck mint ſijns gelijck: bei zijt ghy door uw Dicht
Vermaert, en beide in geleertheidt afgericht;
Oock beid uytmuntend in verſtandt en brave zeden.

Waer vindt men zulcke twee in 't ganſche Nederlandt?
Want zoo den eenen ſpeelt zoo gaet den aer ſijn trant..
Dat ghy dan vrienden zijt, is (dunckt my) meer als reden.

HUYGENS verhief zich insgelijks op hare genegenheid, en rigtte ook aan haar verſcheidene dichtſtukken (21). Een der beste is het vers ter vertroosting bij het overlijden van haren Vader, in 1620, met wien zij, eenige jaren te voren, van *Amſterdam* naar *Alkmaar* ter woning vertrokken was. Hare diamantſtift is ook door HUYGENS vereeuwigd.

Het gelukkig ontkomen van HUGO DE GROOT uit den Loeveſteinſchen kerker verheugde haar, gelijk elken vriend van deugd,

we-

wetenfchappen en Vaderland. Zij befnaarde dadelijk de lier, en boezemde hare vreugde en zegenwenfchen uit in een zinrijk en fierlijk dichtftuk, hetwelk zoodanig aan den edelen Balling behaagde, dat hij het zelf in Latijnfche verzen overbragt (22).

In 1622 ondernam zij eene reis naar *Zeeland*. Haar roem was haar vooruitgegaan, en had de meeste Dichters opgewekt, om haar met vreugdezangen te verwelkomen. In allen kwam een nieuwe lust, een nieuw leven (*).

Gaarne zoude ik de beste dichtftukken gedenken; dan ik moet mij wel bepalen tot een, en kies nu dat van den beroemden Staatsman, SIMON VAN BEAUMONT (23), destijds Penfionaris van *Middelburg*, later van *Rotterdam*. Hij deed eenen rei van Herderinnen vragen:

Seght ons, ghy Herders van dit Lant,
Waerom, waerom, naer uw verftant,
In defe lest-geleden daghen
Heeft ZEPHYRUS foo foet ghewaeyt,
En bloemkens over 't velt ghefaeyt
Meer dan het is ghewoon te draghen?

En

(*) *Zeeuwfche Nachtegael*, bl. 5, 6, 7, 8, 9.

B 3

En waerom fendt de Son nu neer
Soo lieffelijck ghetempert weer,
Die ons foo vierich plach te branden
In 't velt, wanneer de heete Hont
Soo nae by fijnen waghen ftont,
En dede fplijten 't kley der landen.

De moefel klinckt door 't gantfche velt,
Geen Herder meer fijn fchapen telt,
Pan felver flaet de kudden gade.
Men vreest voor dieven, wolf, noch vos,
Valeyen, weyen, bergh, en bos
Zijn vol van blijdfchap, vry van fchade.

DIANA fien wy dagh aen dagh
Ten danfe gaen, meer dan fy plagh,
De Nymphen al zijn vol van vreughden,
Schoon CHLORIS, wackre AMARIL,
PHILEMON gheestich, of MYRTIL,
Haer noyt met finghen foo verheughden.

## De Herders antwoorden:

Ghy Herderinnen, weet ghy niet
Waerom dat al dees vreucht ghefchiet?
Hebt ghy 't alleen noch niet vernomen?
Die Nymph die op den Amftel woont,
Van PHŒBUS met laurier ghekroont,
Die waerde Nymph is hier ghecomen;

Sy

Sy is ghecomen over Zee,
En met haer zijn ghecomen mee
De Gracien en Sang - Godinnen,
CUPIDO roeyde met fijn boogh,
Een koppel Swanen 't fcheepken toogh,
En de Zee-Nymphen ftuerden 't binnen;

Sy ftuerden 't aen den Zeeufchen kant,
Terftont verheuchde 't gantfche Landt;
En daerom is 't dat al dees daghen
Dus ZEPHYRUS fijn bloemkens faeyt,
De Son foo fchijnt, het Velt verfraeyt,
En alles doet van vreucht ghewaghen. (*)

ANNA werd in *Zeeland* fomtijds zoetelijk
gekweld, omdat zij zich niet in het huwelijk
begaf. Dit veroorzaakte over en weêr verfcheidene bevallige dichtftukjes. Twee van haar
zijn bewaard gebleven, gelijk ook verfcheidene
versjes ter aanminnige beantwoording van de
aan haar gerigte welkomstgroeten en zegenwenfchen (24). Haar vertrek bragt de Dichters
in rouw, en werd door velen bezongen. Het
affcheid van L. PEUTEMANS zal zeker door
rijkdom en bevalligheid van fchildering ver-
fchooning vinden voor de lengte.

Waer-

(*) *Zeeuwfche Nachtegael*, bl. 7. *Tijdfnipperlingen.*

B 4

Waerom hoor ick TRITON blafen
En NEPTUN foo woedich rafen;
  Wat wil al dit Zee-ghefchrey?
AMPHITRIET' komt op de baren;
'k Zie hen bly te faem vergaren;
  NEREUS volcht oock met fijn rey.

Wat wil NEREUS gaen beginnen,
Met fijn fnelle Zee-godinnen,
  Die hem DORIS heeft gebaert:
Sy beginnen meed' te quelen
En op fang-getuych te fpelen,
  Twee en twee te faem gepaert.

Soo gepaert fie ick haer lauden
Aen onf' witte Zeeuwfche ftranden;
  NEPTUN volcht met heesch geluyt,
En gedruys van Water-goden,
Alle tot zijn dienst ontboden,
  Met hun aerdich fchelp-getuyt.

Al 't getuyt nam daer een ende,
Als de Hopman van deef' bende,
  Met fijn dry-getackten ftaf,
Tot een fedich neder-ftijghen
En behoorlijck ftille fwijgen,
  Het gewoonlijck teycken gaf.

                                        Toen

Toen ginc hy fijn gladde knechten,
Sijn befchuymden hoop, berechten:
   Dat daer een foo weerde pand;
Dat een SAPPHO clouck van finnen,
Thiende van de Zang-godinnen,
   Schuyld' in dit bewatert lant.


Deef' (fprac hy) wil ick verbeyden,
Defe Nymph wil ick gheleyden,
   Met u, Goden! all' ghelijck:
Morgen wil deef' Maget varen
Over mijne blauwe baren,
   Naer den *Zierickzeefen* dijck.


Ghy, NEREIDES! fult finghen,
Ghy, TRITONES! lustich fpringhen,
   Voor MINERVA's troetel-kint:
Voor dit wonder van de werelt,
Voor dees Phænix rijck beperelt,
   Wiens gelijck men niet en vint.


ÆOLUS! uw ftercke winden
Sultge in uwe rotzen binden,
   En befluyten met ghewelt:
Op dat ghy met windich rafen,
En met een onftuimich blafen,
   Deef' THALIA niet ontftelt.

B 5

ZEPHYRUS alleen met fluypen,
Laet die foetkens by haer kruypen,
  Op het midden van den degh;
Als de Son begint te branden,
Op de dorre Zeeuwfche ftranden,
  Dat hy haer verquicken mach.


PHŒBUS hadd' nauw uytgekeken,
Of de Nymph quam aengeftreken,
  Deftich op het *Veerfche* houft:
Hier heeft haer die bend' ontfangen,
Die daer wachtte met verlanghen,
  En ons van dit pandt berooft.


Als fy nu was afgevaren,
Vlottend' op de foute baren,
  Door dit fwemmend' heyr geleyt,
Al de Herders van den lande,
Staende treurich op den ftrande,
  Hebben haer vertreck befchreyt.


Hebben daer met vele tranen
All' haer deuchden gaen vermanen,
  Yder thoonde daer fijn jonst:
MOPSUS prees haer fierigh fpreecken;
TITYRUS veel andre ftreecken,
  Oock haer dicht- en teecken-konst.


                         Co

CORIDON, met druck bevangen,
Ginc aen hem fijn fackpijp langen,
En hy fpeelde 't laetfte dicht,
Dat hy in de groene hoven,
In de beemden van *West-hoven*,
Met haer onlancx had' geftioht.


Hier-en-tuffchen is verdwenen,
En de Nymph niet meer verfchenen,
Daer nu CORIDON om beeft,
Sijne luft is nu gheweken
Naer den Amftel en de beken,
Daer fy hare weyden heeft (*).

Deze reis had voor ANNA gewigtige gevolgen. De banden van vriendfchap met den nooit volprezenen JACOB CATS werden naauwer toegehaald. Van hoe veel belang zij die befchouwde, getuige zij zelve.

Nevens die gheluckigh leven
Heeft my God een plaets gegeven;
Want geen rijckdoms overvloet,
Noch geen fchrale armoedt,
Daer de vrome Chriften Menfchen
Met den Wijfen Man om wenfchen,

Dat

(*) *Zeeuwfche Nachtegael*, bl. 69.

Dat is juyst mij toe-ghevoeght,
Anders luck my niet en wroeght.
Niemants voorfpoet doet my pruylen,
Want ick wil met niemant ruylen.
Niemant isfer dien ick haet,
My en gunt oock niemant quaet.
'k Nut met fmaeck mijn dranck en eten,
'k Ben door laegheydt niet vergeten,
Noch door hoogheydt niet benijt
Onder mijns ghelijcke tijt.
Dit, jae meer foo durf ick roemen
Dat ick veel mach Vrienden noemen
Die door haer ghefwint verftant
d'Eer zijn van ons Vaderlant.
Maer ghy! bloeme van de Zeeuwen,
Over al foo gae ick fchreeuwen:
'k Ben toen meest van 't luck ghediem,
Toen 't my CATS gaf tot een Vrient (*)!

Niet alleen onderhield zij eene geftadige
briefwisfeling met denzelven, maar zij zond
hem ook verfcheidene vrolijke en ernftige gedichten, onder welke laatfte eene dichterlijke
uitbreiding van eenige Pfalmen uitmunt (25).
CATS zond, daarentegen, ten minfte eenige
zijner werken aan haar, vóór de uitgave, ter
her-

(*) *Zeeuwfche Nachtegael*, bl. 15.

herziening. Dat dezelve hierdoor niet weinig wonnen, zal elk, die de waarde van het naauwziend vrouwen oog en naauwwegend vrouwen oordeel kent, gereedelijk aannemen (26).

Zeer waarfchijnlijk komt het mij voor, dat de benoeming van CATS tot Penfionaris te *Dordrecht*, in 1623, en zijn verblijf aldaar, ANNA derwaarts lokten; misfchien gaf dit aanleiding tot de kennis aan Mr. DOMINICUS BOOTH VAN WEZEL (27), een man van letteren en van aanzienlijken huize, aldaar woonachtig, en bloedverwant van de beroemde en geleerde ROCHUS VAN DEN HONERT en JOHAN VAN BEVERWIJK. Deze kennis ging weldra tot vriendfchap en tot liefde over, en die werden door een gelukkig huwelijk vermeerderd en bevestigd. Na 1624 woonde ANNA te *Dordrecht*; en, hoe zeer de zorg voor huishouding en kinderen haren lust voor wetenfchap en kunst beperkte, en waarfchijnlijk haar voornemen, om voor Prins WILLEM I, den Vader des Vaderlands, eene waardige gedenkzuil te ftichten (*), verijdelde, liet zij echter hare bekwaamheden geenszins geheel flapen. Zij vond te *Dordrecht* zeer veel aanmoe-

(*) Zie VONDELS *Poëfy*, Ifte D. bl. 718.

moediging en eerbied; de voornaamfte Regenten waren ijverige en kundige beoefenaars der letterkunde en dichtkunst; de Dordtfche Dichtfchool (28) van dien tijd verdient bij de Amfterdamfche gefteld te worden. ANNA leidde eene Nicht van haren Echtgenoot, MARGARETHA GODEWIJK (29), door derzelver Vader met zucht voor hoogere weetenfchappen bezield, op, tot die kunften, waarin zij uitmuntte. De roem, verworven door deze Maagd, meermalen door Stadgenooten bij ANNA MARIA VAN SCHURMAN vergeleken, komt dus ten minfte gedeeltelijk aan onze ANNA toe, en blijft eene flonkerbag aan hare kroon. Gefchenken van glazen, met aardig fchrift behaald, had zij, zelfs van zulke aanzienlijke Steden, als *Dordrecht* en *Antwerpen*, met papieren en zilveren dankzeggingen vergolden gezien (*). Bij dit alles werd de vriendfchap met CATS van wederzijden gevoed. Zij was de eerfte, aan wie door hem zijne *Zinnebeelden* gezonden werden. Dit gefchenk werd beantwoord met een lofdicht (†), hetwelk ik niet

mag

---

(*) Zie VOLLENHOVENS *Brieven*, achter het *Leven van* & BRANDT, door J. DE HAAS, bl. 194.

(†) *Verfcheide Gedichten*, 1653, bl. 27; ook voor CATS *Werken*.

mag terug houden, vermits het bijzondere blijken draagt van de aandoeningen van haar hart:

Ben ik, ô CATS! de eerst', die gy dit boek vereert,
  Zoo zal ik zijn de eerst', die daar uit wordt geleerd
Te zien de feilen, die 'k in mijne groene jaren
Bedreven heb, die zot doch nimmer geil en waren,
  En stijgen hooger op, verjagen wulpfche Min,
  En halen in zijn plaats d'eerwaarde Reden in.
Die zal den nevel door haar glans wel doen verdwijnen,
Van jonge domme jeugd. Dan zal ik niet het fchijnen
  Van vele dingen (daar het meer deel van de liên
  Zich aan vergapen) maar het ware zijn eens zien;
Dan zal noch hoop noch vrees 't gemoed niet meer ontftellen,
Begeert' van rijkdom, ftaat noch eerzucht my niet kwellen.
  Is 't niet beklagenswaard, dat de arme mensch zoo wroet,
  En flobt en flooft en zweet om onnutte overvloed?
Is 't niet befchreijenswaard, dat menig wel zou wagen
Goed, bloed, ja ziel, om een dienstbare kroon te dragen?
  Dit 's Redens eerfte les, en als ik die wel ken,
  Zoo zal ze voortgaan en my leeren wie ik ben.
Meestresfe, doe uw best! Maak, bid ik, my afkeerig
Van ondeugd en tot deugd heel naarftig en begeerig;
  Maak dat ik met my zelf en al de wereld fpot,
  En ftel voortaan alleen mijn hart en hoop op God!

Ik zoude hare Godsvrucht nog nader bewijzen kunnen, uit een deftig dichtftuk, ter ge-
le-

legenheid van eenen Bededag (*); dan ik moet
mij beperken. Hare nederigheid zoude te bewijzen zijn, uit een vers aan HEINSIUS, waarbij zij den lof, door dezen aan haar gewijd,
trachtte af te wenden (30). Hare matigheid in
begeerten blijkt eindelijk nog uit de zinfpreuk,
welke zij, naar de gewoonte van dien tijd,
aannam : *Genoegh is meer* (31).

Zij had zich, op het voorbeeld van haren
Vader, bij de leer der Roomfche Kerk gehouden (32), en beftelde, in 1640, hare beide
Zonen in de Leerfchool der Jefuiten te *Brusfel.*
Zij reisde derwaarts, door BARLÆUS met
brieven van voorfchrijving aan den beroemden
ERYCIUS PUTEANUS (33) voorzien. Later
vertrok zij, om het belang harer Zonen, naar
*Leyden.* — Te dien tijde liet zij zich nog als
eene buitengewone Vrouw kennen, en kondigde hare komst der Regeringe aan met het volgend vers :

Beroemde fchoone Stad! ik kom noch hier ten leste
Om Burgerin te zijn, niet om dat uwe veste
   Den Helicon befluit, van my weleer bemind,
   Daar men Apollo met zijn negen Zusters vindt.

Neer-

(*) *Zeeuwfche Nachtegael*, bl. 165.

Neerlands Atheen! dat ik in u begeer te wonen,
Is om my zelve niet, maar om mijn lieve Zonen,
   Dien PALLAS onderwijs tot wetenfchap en kunst
   Van nooden is; ziet, die beveel ik in uw gunst.
O dat ik nog mocht zien hen in geleerdheid groeijen,
In wijze wetenfchap, en alle deugden bloeijen:
   Wat zou dat voor my zijn een overgroote vreugd!
   Mijn oude zuffe geest wierd wakker en verjeugd!
Leef, Leyden! voedfter-vrouw van alle geestigheden,
Vermaard door lijden en veel bittre tegenheden,
   En belg u niet, dat ik, een' flechte Burgerin,
   U groeten durf, doch van geleerdheid een vriendin;
En kôn ik uwen lof niet naar waardije uiten,
Dat, hoop ik, zal gefchiën van mijn twee jonge fpruiten (34).

Of haar Echtgenoot toen reeds overleden was,
dan niet, bleef mij onbekend; dan het bleek
mij, dat de fchoone avondftond van den wel-
befteden dag des levens bij haar beneveld werd,
door dat zij haren oudften Zoon JOHAN, die
de letterkundige loopbaan met lof was inge-
treden, vóór zich ten grave zag dalen. Zij be-
leefde eenen hoogen ouderdom, en ontfliep op
den 6den van Wintermaand 1651 (*). Een Zoon
bleef over, ROEMER of ROMANUS (35) geheeten, die, later Advocaat in den *Haag*, niet
al-

(*) BRANDT, *Dagwijzer*, bl. 643.

C

alleen den naam van zijnen Grootvader, maar ook de Dichtkunst als aangeërfd had, en door werkzaamheid en deugd eere bewees aan de afkomst van en de betrekkingen tot denzelven, tot zijne Moeder en Moei.

MARIA TESSELSCHADE moet meer met ligchamelijke schoonheid zijn bedeeld geweest, dan hare Zuster. *De wijze* ANNA — *de schoone* TESSELSCHADE, is de gewone onderscheiding, die aangaande beiden door HUYGENS (*) wordt gebezigd. HOOFT beschouwde haar, als de maagd, die,

> Op 't eelste van haar dagen,
> Aan vrouw Venus had ontdragen
> Blos van kaken en den flag
> Van den liefelijkften lach (†).

- Hare bekwaamheden werden weldra tot gelijke einden geleid, waarin hare Zuster uitmuntte. Aangeprikkeld door dit voorbeeld, verzuimde zij geene gelegenheid tot vordering.

De

(*) *Korenbloemen*, bl. 211.
(†) *Mengelwerk*, bl. 688.

MARIA TESSELSCHADE
VISSCHER.

De Drosſaard beſchrijft den uitſlag dezer pogingen:

> Vat zy diamant, een kras
> Spreken doet het ſtomme glas;
> Ziet dien duim met gouden draden
> Malen koſtele gewaden,
> Vingers voeren pen, penſeel,
> Knokkels kittelen de veel.

> Ziet dan gaat dat mondje weer
> Met de noten op en neer, —
> 't Oogh zich aan de letters lijmen, —
> De gedachten aan het rijmen, —
> Tong zich krommen in den klank
> Van den Roömer en den Frank.

> Zinnen werken, handen gaan,
> Keel en lippen zijn onledig.
> Doende zijn haar oogen zedig (*).

Van de verzen, in haren jeugdigen leeftijd
gemaakt, kwam mij veel minder ter hand, dan ik
wel wenschte; zij werd vroeg vermaard door
het dichten van bevallige en vrolijke liedjes.
Om van haar vermogen eenigzins te kunnen
doen

(*) *Mengelwerk*, bl. 638.

C 2

doen oordeelen, vermeen ik een te mogen invlechten. Het is getiteld: *Phyllis klachte.*
Het komt mij waarfchijnlijk voor, dat de
teekening van eene der zinnepoppen van haren
Vader hiertoe aanleiding zal hebben gegeven.
Aldaar is eene bedrogene vrijster of herderin
verbeeld, die den bloemkrans van haar hoofd
voor hare voeten geworpen heeft. De Dichteres ziet de fchaapjes aan denzelven knabbelen,
en doet de herderin aldus fpreken:

Mijn fchaepjes, die uw honger bluste
Met weeldrig thijm, boet nu uw luste
   Met roofeblaedtjes van mijn krans,
Die al haer geur ten offer brachten,
Mijn breyn, dat hart en ziel verkrachtte,
   Wanneer ick uytftack aen den dans.

't Is beter, dat de bloempjes voeden
Mijn lamm'ren, die ick ftervend hoedde,
   Als dat ze, van haer eer berooft
Door fuchten, die mijn leven quellen
En heete traentjes trouw verfellen,
   Onfchuldigh dorren op mijn hooft.

Erkauwfe menighmael met fmaeckjens,
Onnoofel vee; maer als uw kaeckjens
   Vermoeyt zijn, en de flaep u groet,

Peinst

Peinst dan eens om mijn doode leven,
Wat oorſaeck dat mijn ſinnen dreven
  Tot ſchennis van mijn roofen-hoet.

Ghy waert er by, toen my PHILANDER
Zijn trouw toe ſwoer, die nu een ander
  Met geyle tochten beſich houdt;
Ghy waert er by, toen my zijn eden
In 't huwlijk met hem deden treden,
  Dat in den Hemel was gebouwt.

Niet dat ick fegh, Alſiende Goden,
Dat uwe wil mijn Herder noode
  Tot werckingh van foo valſche daedt;
Maer 'k ſie op mijn volmaeckte minne,
Wier weërgae by U is te vinnen,
  Die loonen 't goed en ſtraffen 't quaet.

Doch 'k wensch geen ſtraf, maer bid voor ſonde;
'k Eysch balſem voor een' vuyle wonde,
  'k Eysch balſem die den Hemel voed.
Maer is uw wil tot ſtraf genegen,
Soo ſtraf 't bedroch, en wel ter degen,
  Met wroegingh van zijn ſnood gemoet.

Dan ſal gewis mijn leet hem deeren,
Mijn liefde tot zijn liefde keeren,
  Zijn liefde wederom tot mijn:
      C 3                    Als

Als ghy ons dan hebt t' faem gebonden,
Nooyt is er trouwer paer gevonden,
Dan PHYLLIS en PHILANDER zijn (36).

Hoe bekend zij ook werd door alle deze be-
gaafdheden, hoe bemind zij ook was door hare
zedigheid, zij bleef echter vrij lang ongehuwd.
In het jaar 1623 door ALLARD VAN KROM-
BALG (37) ten huwelijk verzocht, veranderde
zij van gedachten, en fchonk aan hem hare
hand en haar hart (38).

Dit huwelijk verwekte een hoogen feestdag
op den Nederlandfchen Parnas. HOOFT, VON-
DEL, HUYGENS en anderen begroeteden het
jonge paar, en gaven verzen, die te allen tijde
als kunftftukken zullen worden aangemerkt (39).
Dit huwelijk veroorzaakte verder eenen gehee-
len ftilftand in hare gewone werkzaamheden.

Stift en fchrijf- en fchilderfchacht
Druipen door haar losfe vingren,
Snaren flapen, boeken flingren,
Naald, botduurtuig en de raam
Zy vergeet om beter kraam (*).

Inmiddels werd echter de vriendfchap met

HOOFT

(*) HOOFTS Mengelwerk, bl. 689.

HOOFT aangekweekt (40). Eens fchreef hij: *Gy moogt gebieden in driederlei naam ; als* TESSELSCHAA, *als* ROEMER'S *Dochter, en als* ANNA'S *Zuster:*

Hoe vast bindt de kabel van zulke drie ftrengen (*) !

Overal is de toon van het meeste vertrou_ wen kenbaar. In zijne jonge jaren drukt hij het zelf uit: *van heeler heeter harte* (†). In het laatst van zijn leven roemt hij *op de geduurigheidt en vuurigheidt der vrundtfchappe* (§). Hij ontlastte aan haar zijnen bedrukten boezem, bij het verlies zijner eerfte Vrouwe (₊). Later zond hij ook aan haar zeer vele aanmerkelijke brieven, waaruit zij en haar lot bijzonder te kennen zijn. Deze brieven vloeijen dikwijls over van lof, in de krachtig- fte bewoordingen. Ik mag alle titels niet opnoemen, uit vreeze van tot overmaat van lof te vervallen. De namen: *Vorstin der overvliegende vernuften* (‡), *Spiegel voor de zinlijkfte geesten* (§§), zijn maar enkele ftaaltjes , hoe

*hij*

(*) Br. 101.     (†) Br. 413.     (§) Br. 742.
(₊) Br. No. 117. Redevoering over HOOFTS Brieven, bl. 29.
(‡) Br. 603.          (§§) Br. 623.

C 4

*hij voor haar-blaakte, en de uiterste krach-*
*ten van zijn vernuft te kost lag aan het ver-*
*heffen van hare waardij.* Deze brieven zijn
verders vol van die aardigheden (41), die men
nimmer, ten minste nooit meer dan eenmaal gebruikt, wanneer men geene beantwoording kan
verwachten : want

> Kaats en fcherts en heeft geen val
> Zonder overgaanden bal.

Hoe gaarne wenschten wij de brieven van
haar te bezitten! HOOFT stelde bijzonderen
prijs op dezelve. Ergens noemt hij ze *Goddelijk*,
*niet alleen omdat dezelve naar eeuwige vriend-*
*fchap fmaakten, maar ook om de hemelfche*
*geestigheid der invallen, die zij behelsden* [*].
Wij kunnen nu alleen de waarde derzelven uit
den weerglans opmaken. Blijken zijn er echter te over, dat de vriendfchap door TESSEL-
SCHADE gevoed werd, en dat zij uitmuntte
in dienstvaardigheid. Zij was het alleen, die
HOOFTS dichtgeest, *verzonken in het rijme-*
*loos fchrijven zijner Gefchiedenisfen, zoo dat*
*hij in te diepen kuil ftak, en hem de wieken*

*te*

(*) Br. 743.

*te nat waren, om vlugt of veert naar de*
*Poëtifche lucht te maken, konde ophelpen* (42).
Hij beproefde destijds, op zijne beurt, om haar,
nadat zij negen jaren meerendeels in huis- en
kinder-zorg béfteed had, tot de beoefening van
kunst en letteren te rug te roepen, en zond
haar het volgend dichtftuk:

Aen de zoete TESSELSCHAE
En haer üytverkoore gaé
Heeft, tot noch toe, op 't verjaeren
Van hun echtelijk vergaéren,
De Godin der huwlijksplicht,
Met haer fackel, toegelicht,
Om de zorgen hen te leeren,
Die geen huishou kan ontbeeren,
Of zy gaet in 't kort te grondt.
Alles heeft zijn maet en ftondt.
Wegh, ditmael, met Juno's blaeker.
Kom, o Phœbus vroolijkmaeker!
En ghy negen Zusters, voorts.
Een van negen houd de toorts,
Op het negenfte verjaeren
Van hun allereerfte paeren.
't Huys heeft nu een goede plooy,
Des de zorgen geef de gooy
Voor een tijdt, en wil ontvonken

C 5

't Vuur

't Vuur der geestigheidt, verdronken
In bekomring met gezin.
Blaest haer 't jonge leven in.
Doet die Venuslijke vingren
Weder op viool verflingren,
Wanken pen, penfeel en ftift,
Teelers van een edel fchrift.
Lang genoegh is 't, dat zy fuften.
De doorluchtige vernuften
Hebben lang genoegh gevast
Nae de leckerny, te gast
Daer zy hen op placht te nooden.
Wekt, uyt het getal der dooden,
Een, aen wie de onfterflijkheidt
Overlang is toegezeyt.
Doet haer 't heughlijk hoefnat leppen,
En een verfche jeughde fcheppen,
t' Allen negen jaeren weêr:
Zoo verouwt zy nimmermeer (*).

Haar Echtgenoot was harer waardig. Hooft
zegt eens, na het vernemen van eenen geluk-
kigen inval van denzelven: *Nooit paar konde
beter gepaard zijn, om de wereld met geestige kinderen te bevolken, en deze wereld niet*
*al-*

(*) *Mengelwerk*, bl. 689.

*alleen , maär ook alle de gene , waarvan*
A L E X A N D E R *droomde* (*).

Zij leefde met hem zeer gelukkig , en zag
haar huwelijk met twee Dochters gezegend;
dan, hoe wankel is der menfchen geluk! Haar
oudfte Dochtertje, *een voeglijk meisken ,* (zegt
de Drosfaard) *werd krank aan de poxkens ,*
en ftierf , na vele blijken van eenen bedaar-
den geest gegeven te hebben, in Mei 1634.
*De Vaader hadt het uitdermaaten bezint , en*
*betreurde het naa gelange. De Arts be-*
*ftondt hem een drank van moedtzalf in te gee-*
*ven , die hem opbrak met een weldige zucht*
*en eenig bloedt , daar voorts heele plasfen op*
*volgden , en vloeiden tot dat hy doodt was.*
*Om het treurfpel te deerlijker te maaken ,*
*ftort dus een fmak van dubbele ramp op*
*het murwe hart van* T E S S E L S C H A D E (†).

Eene zware proef voor dat hart. Men hoore
haren Vriend op nieuw in het befchrijven, hoe
waardiglijk zich de groote Vrouw gedroeg.
Hij had H U Y G E N S aangefpoord, om *de ver-*
*fleegene met een letterken van troost te bezoe-*
*ken ,* en ftond gereed zelf naar *Alkmaar* te
gaan tot dadelijken bijftand, wanneer hij een
                                                    brief

(*) Br. 385.          (†) Br. 415.

brief ontving, die het volgend antwoord veroorzaakte: *Ik floofde my af met t' zaamen-*
*fchraapen van ftoffe, uit alle winkelen mijner*
*heugeniſſe, tot hartzalf over UE. leedt, en vond*
*den heelen hoop te berooit om ietwes te baa-*
*ten tot heelnis (zoo my docht) zulk eener*
*quetzuure: als uw fchrijven, gezult in on-*
*gelooflijke manhaftigheit, my komt onderwij-*
*zen, hoe de ftudien, befteedt aan het kaauwen*
*en verduwen der waare wijsheit, magtig zijn*
*een murw vrouwengemoedt zulks te verftaalen*
*met reede, dat de felfte fchichten der for-*
*tuine kinken, jaa, daar in, maar geen' won-*
*den kunnen maaken. Heil zy u, Heldinne!*
*daar de Helden by ter fchoole behoorden te*
*gaan. De traanen, die 't in 't geweldt des*
*ramps niet geweest is Uwer E. af te perſſen, zijn*
*tot mijn oogen uitgewrongen, door innerlijke*
*teederheit, gebooren uit het betrachten des*
*overheerlijken zins van die leerrijke en ftich-*
*telijke reegelen, meldende den hoogen en wel-*
*eedelen aardt uwer inborst, die met het ſlijk*
*der gemeene geesten niets gemeens heeft. Traa-*
*nen derhalven, meer van genoegen, dan van*
*droefheit. De troostbehoeffter komt troosten;*
*de benaauwde, verquikken; de bedrukte, ont-*
*lasten. Al wat ik zou weeten by te bren-*
*gen,*

*gen , waar waaterdruppen gedraagen in de*
*zee uwer doorluchtige weetenfchap: en zaag*
*ik UE. nergens beeter, dan derwaarts en tot*
*haar zelve te zenden* (\*).

Diep bedroefd, 'doch niet ter nedergeflagen,
zocht en vond zij den besten troost in den
Godsdienst en in den arbeid  Te dien tijde
zette zij de gewigtige, reeds vroeger begonnen
onderneming, om het, beroemd dichtſtuk, *Je-*
*ruzalem verlost*, van TORQUATUS TASSO (†)
(43), uit het Italiaansch, in Nedcrduitfche verzen over te brengen, met ijver voort. Ongelukkig is het, dat deze arbeid niet geheel is
ten einde gebragt, en dat het voornemen van
VAN WEZEL, BRANDT en anderen, om het
afgewerkte in het licht te geven, verijdeld is
geworden.. In heb in mijne wenfchen, om het
Handfchrift op te fporen, niet kunnen flagen.
Ontelbaar zijn de loffpraken, door mij aangaande dit werk bij gelijktijdige Schrijvers gevonden. Uit deze geef ik alleen de beoordeeling
op van den wijzen, fcherpzinnigen en welfpre-
kenden Zeeuwfchen Raadpenfionaris, Zedefchrij-
ver en Dichter, JOHAN DE BRUNE. Na
eeni-

(\*) Br. 419.
(†) VONDELS *Opdragt der Electra*. VOS, *Ged*. D. I. bl. 33.

eenige verzen van TASSO, in zijn hoogstnuttig
en vermakelijk, doch thans bijna vergeten werk:
*de Wetfteen der Vernuften* (\*), te hebben aan-
gehaald, zegt hij, na meerdere loffpraak over
TESSELSCHADE: *Wanneer Natuur met den
Opaalfteen bezigh is, het fchijnt, dat zy ten
dien einde al de rijkfte ftoffen, daar andere
juweelen van gemaakt worden, te zamen
mengt. Even zoo heeft zy met haar Ed. ge-
handelt. Begeerigh om haar tot mirakel toe
te beglanfen, heeft zy er den uitgekleinsden
geest van al de beste verftanden der wijde
wereld tot overloopens toe aan gefchonken. Zoo
menigerlei wonderen, die dag op dag uit hare handen voortkomen, wijzen mijn zeggen
als met den vinger aan, en onder andere dingen zal er de vertaling van den Tuscaanfchen
TASSO een krachtigh bewijs van verftrekken.
Wy zien in Natuur, dat de wateren nooit hooger klimmen, dan de plaatzen, waar uit ze
den oorfprong nemen. Men zoude twijfelen mogen, of TESSELSCHADES konst niet verder
gaat, en hierom zoude TORQUATO TASSO,
indien hy nog leefde, haar Ed. mi,felijk weinig
dank wijten, dat zy de handen tot de vertolking*
*van*

(\*) 4to. bl. 248.

*van* zijn Jeruſalem *ooit aangewent had. Om
dat zy het al te wel gedaan heeft, zoude hy
er ligtelijk qualijk in te·vreden wezen. Het
zoude hem overmatigh aangenaäm zijn, dat
hy zich in eene nieuwe taal hoorde lezen en
prijzen, dewijl het zoo groote glorie voor
Schrijvers is, hunne werken in andere ſpraken
vertaalt te zien, als het aan Koningen en Prinſen
doet, dat zy nieuwe landen aan hunne ſcheptërs
knoopen. Maar misſchien zoude hem die lange arbeid onaangenaam wezen, uit reden,
dat ontallijke menſchen het afzetzel van haar
Ed. boven zijn voorbeeld zouden ſtellen, ten
minſten daar by vergelijken. Want gelijk
ſneedige Schilders in het afmalen van groote
Heeren en Mevrouwen haar juist niet naauw-
puntelijk verbeelden, maar hier en daar een
weinigh helpen en te baat komen, zonder evenwel van hare natuurlijke bekende gedaante te
gaan; zoo heeft haar Ed., van* TASSO'S *voor-
ſchrift niet afwijkende, hem zomtijds onder-
ſchoort, geholpen en verheven,·komende·zijne
konst met de hare te baat* (44).

Wij meenen, dat ſommige dichtſtukken van
haar, waarin een bijzonder ernſtige en·gemoe-
delijke toon doorſtraalt, insgelijks tot dezen
tijd moeten gebragt worden. Onder deze is

een

een der deftigſtè: MARIA MAGDALENA *aen de voeten van* JESUS.

Onttooyt of tooyt ghy u, MARIA MAGDALENE!
Als ghy uw hayr ontvlecht, verwerpt de luysterſteenen,
  Verbreeckt het perlenſnoer, verſmaedt het ſchijnbaer goed,
  En keurt voor vuyl en vals, al wat dat voordeel doet,
Om dees uw malſche jeucht het eeuwigh te beletten,
En op een ſtronckelſteen uw toeverlaet te ſetten?
  Godvruchte vrouw! Ghy haeckt vast nae een ſtalen muur,
  Die niet beſwijcken kan door tijt oft droevig uur,
En van het laegh begint te ſlaen uw krulde rancken
Rontom een vaster voet, en wilt den Heyland dancken,
  Die u heft uyt het ſlijck. Een innerlijck verſtant
  Verſtaet, al ſpreeckt ghy niet, als met het ingewant,
Die paerlen van uw oogh, ten toon op root ſcharlaecken,
Die carmoſijne ſmet der ſonden ſuyver maecken.
  Dies ſpiegel u, mijn ziel! veracht het valsch cieraet
  Of hecht het aen een ſuyl van Hemelrijke raedt,
Welck u altijds in 't oogh ſal tot berouw verwecken.
Soo kan de ijdelheyt u tot vergevingh ſtrecken
  Van dat u ooyt behaeght heeft weerelt, eer, of ſtaet.
  Schep moed uyt deſes ſchets beduydelijk gelaet.

        O ſonden wanhoop weerſter!
        Stilſwijgend' deugden eerſter!
        Stilſwijgende verkrijgſter!
        Meer dan beſpraeckte ſwijgſter!

Ghy

Ghy toont bewijs, dat Godt belooft der fonden foen,
Aen yder die 't foo doet, maer niet die 't woude doen. (45)

De regtmatige rouw fleet allengskens door tijd, arbeid, vriendfchap en Godsdienst. HUY- GENS had zich in dezen bijzonder verdienftelijk gemaakt, in het eerst door een lijkdicht (*), later door deelnemende brieven. Om dezen tijd zond hij aan haar zijn dichtwerk, *Heylighe daghen* getiteld, en waagde het toen, ijverige pogingen aan te wenden, ten einde haar te bewegen, om uit het Roomsch Kerkgenoot- fchap, bij hetwelk zij, gelijk haar Vader en Zuster, gebleven was, tot dat der Hervorm- den over te gaan. HUYGENS ontwikkelde zijne gedachten in een deftig en doorwrocht dichtftuk (46), doch ontving een afflaand ant- woord. Hij herhaalde des zijne pogingen, en gebruikte hierbij eene taal, die velen niet als zacht en gepast zullen befchouwen.

TESSELSCHADE nam dit alles doorgaans ten goede op. Eens fchijnt zij zich over die fcherpheid aan BARLÆUS beklaagd te hebben. Deze nam de zaak voor haar op, fchreef aan HUYGENS, en ontving een klinkdicht tot ant- woord,

(*) *Korenbloemen*, bl. 624.

D

woord, waarin het warmst gevoel van vriendfchap voor TESSELSCHADE doorſtraalt. Het
ſlot is:

Ick ſnijd wel in een puyst,
Daer 't leven lucht vereyſcht, en onder dreigt te ſmooren.
Het vleijen is een gunst van doodelijck gerief.
Ick ſpaer de roede nįet; ick heb het kind te lief. (*) (47)

Dat BARLÆUS in haar zulk een bijzonder
belang ſtelde, bleek eene bijkomende reden te
hebben. Hij was Weduwnaar. Het ſchoone en
bevallige, zoo van ligchaam als geest, bij de
Weduw, wekte bij hem nog andere aandoeningen, dan die van achting en vriendſchap. Hij
verklaarde aan haar zijne liefde, en vroeg haar
ten huwelijk. Misfchien is nooit door iemand
geleerder en bevalliger gevrijd, dan door hem.
Bij zijne Latijnfche gedichten is eene geheele
afdeeling, *Tesfalica* (48) getiteld, alleen be-
ſtaande uit verzen, aan haar gerigt. Alles was
vergeefs; zij kwam niet verder dan tot vriendfchap. Eens zond zij aan hem, in eenen brief
over andere zaken, een affchrift van het bekend versje van vader CATS:

Als

(*) *Korenbloemen*, bl. 652.

Als van twee ghepaerde fchelpen

De eene breeckt, of wel verliest;

Niemant zal u konnen helpen,

Hoe men foeckt, hoe nau men kiest,

Aen een, die met effen randen

Juyst op d'ander pasfen fou;

D'outfte fijn de beste panden,

Niets en gaet voor d'eerfte trouw.

Antwoord genoeg op de groote vraag. Ik heb ook andere briefjes aan BARLÆUS gezien, geteekend met den letterkeer, die HOOFT van haren naam gemaakt had: *Sachte Sedeles* (*).

De Drosfaard had, zoo wel als HUYGENS(†), door velerlei aardigheden tot deze vrijerij medegewerkt; verfcheidene blijken zijn hiervan in zijne Brieven (§), TESSELSCHADE hield destijds een Buitenplaatsje in de Alkmaarfche Hout, *Belvedere (Schoonzigt)* geheeten. HOOFT maakte van den naam BARLEUS, *Belufar (Schoon gebruik)*; en daar hij het als zeker ftelde, dat *SCHOON GEBRUIK nog wenfchelijker is dan SCHOON ZIEN* (‡), voorzeide hij, dat het laatfte wel voor het eerfte zoude verwisfeld worden. Dan het was misge-
zien.

(*) Br. 534.    (†) *Korenbloemen*, bl. 651.
(§) Br. 496, 507.    (‡) Br. 507.

D 2

zien. Alle zijne verdere pogingen vermogten ook niets. Deze teleurstellingen ftoorden echter de onderlinge vriendfchap niet, zoo min als de vreugde, die hare tegenwoordigheid gewoonlijk onder het gezelfchap op den Huize te *Muiden* aanbragt.

Waar zoude ik beginnen, waar eindigen, indien ik hiervan voldoende berigten wilde geven? Ik zoude vele brieven van HOOFT moeten affchrijven. Was er hoop op hare komst, dan werden beïder vrienden op het geluid van hare keel te gast genoodigd; ook wel, *ter bruilofte op het huwelijk, dat tusfchen haare en der fnaaren ftem zoude gefloten worden* (*). Eens kondigde hij hare komst zijnen vrienden aan met de volgende woorden: *Op, op. UE. leirze, fpoore en ruste zich toe ter herwaartsreize. 't Is op leftleeden Dingsdag nieuwe maan geweest: op naastkoomenden Dingsdag zal het nieuwe zon zijn. Wat dunkt UE. van zulk een fterrekijker, die dat afzien kan? — Een ander wonder. In 't Noorden zal ze rijzen, aan de Zuiderzee daalen; ten zy dat wolk oft onweêr haar het hoofdt eer doe onder haalen* (†). Op eenen anderen tijd fchreef hij aan haar zelve:

(*) Br. 591.       (†) Br. 668.

ve : *Als gy niet komt, dan zullen het goudt
en zilver zijn' luister, de groente haare vroo-
lijkheïdt, de fpijze haare lekkerny verliezen,
want zonder U is de vreugde nooit volmaakt.* (*)

Voldeed zij aan deze uitnoodigingen, *dan
bleek zij de ziel van het gezelfchap te zijn* (†);
*dan deden zij en hare Vriendin,* FRANCISCA
DUARTE, *het Muiderſlot van het liefelijk geluid harer keeltjes wedergalmen; dan werden
de vrolijke gasten al zingende der aarde, dat
is, der geheugenisfe van dagelijkfche bezigheden, ontvoerd* (§).

Vertrok zij, dan veranderde alles. De Drosfaard zond haar eens den volgenden brief (‖)
na. *Mejuffrouw! Gy hebt hier uwe muilen gelaaten. Dit is eene leelijke vergeetelheit. Want
het waar beeter dat er UE. de voeten vergee-
tèn had, en het geen daar aan vast is. De
vloer (acht ik) heeft UE. willen houden, en
gy zijt haar ontſlipt, gelijk* CORISCA *den
Satyr, daar de perruik in den loop bleef.
En zeeker, ſteenen en planken leggen en treuren, om dat ze niet langer van die zoete
treedtjens geſtrookt worden. Niettemin deeze*
ach-

(*) Br. 723.          . (†) Br. 310.
(§) *Voorberigt voor* HOOFTS *Brieven*, bl. XIX. (‖) Br. 379.

D 3

*achteloosheit Uwer E. doet ons hoopen, dat wy noch eenig ander overfchot zullen vinden, en moogelijk UE. hart hier in eenigen kaamerhoek zal vergeeten zijn. Maar wat wy zoeken, het is er niet, oft het moet onzichtbaar gaan. Als 't er ook flechts vergeeten waar, ende niet met opzet gelaaten, zoude de vondt van kleener waarde weezen. —* BROS-TERHUIZEN *en* VERBURG *konden hier niet duuren, toen UE. weg was. Wy gingen ze 's naamiddags quijt. 't Zoud'er anders gegaan hebben, waaren de deuntjes niet uit geweest. Ach hoe binden die keelbanden! My dunkt dat ik noch al een eindt lijns oft liever lijms van den zoeten zang naafleep* (49). Niet alleen door zang- en dichtkunst werd de vreugd vermeerderd, maar ook door wijze redenen, door geleerde jokkernij (*), door allerlei vonden, bij handigheid en fmaak.

Hare wijsheid en wijze redenen werden inzonderheid hooggefchat. HOOFT zette, met BARLÆUS en VAN DER BURG, haar verftand ver boven dat van ANNA MARIA VAN SCHURMAN, *om dat het werk van haar,* zegt hij, *naa Schoolmeesterye ruikt, dat van*

TES-.

(*) Br. 534.

*TESSELSCHADE naa een verheeven vernuft, zwanger van buitenwereldtfche invallen* (*). HUYGENS was eens zoodanig opgetogen over de voortbrengfels van haren verhevenen geest, dat hij, in een vrolijk gedicht, haar bij den magneet, zich bij MAHOMETH vergeleek, wiens doodkist, volgens de bekende fabel, aan het gewelf te *Mecca* zoude zweven (50).

Hare ftem en kunst van zingen waren boven alle befchrijving; geftadig wordt de lof hiervan opgehaald. Bij de overweging, hoe MARIA DE MEDICIS, Koningin-Weduw van *Frankrijk*, bij derzelver aanftaande komst te *Amfterdam*, in 1639, op het aangenaamst en waardigst zoude te onthalen zijn, raadde HOOFT aan BAR-LÆUS, die tot het ontwerpen der Feestviering verzocht was, *om TESSELSCHADE en FRAN-CISCA te noodigen, om de groote ftadt te verplichten, door wat mildt met den rijkdom haarer gaaven te zijn. Haare Majesteit zoude zich misfchien verwonderen,) dat Italië haar in Hollandt bejeegende* (†). (51).

Eens zong zij een Godsdienftig lied op eenen Kersnacht. Haar vriend zegt er van:

ó Lof-

(*) Br. 603.      (†) Br. 593.

D 4

ô Loflijk keeltjen, nae dat gy
Al 's wereldts ftemmen waert voorby
Geftreeft, en zat der aerdfche dingen,
Ontbrak er meer niet, dan party
Met 's Hemels Engelen te zingen (\*). (52)

'De bekers, waarin bij de feesten te *Muiden* de wijn fonkelde, hadden hunne waarde
ontvangen door TESSELSCHADES hand. Zij
befchreef ze met fpreuken en zinnebeelden ter
leering en vervrolijking. Keurig fraai moet deze
kunstbewerking geweest zijn (†). De Gastheer
vroeg eens aan iemand, die zulk een bokaal
bezag :

Wat fuft ge, Lezer ! opgetogen in de toogen,
   Zoo luchtelijk gefwaeyt, en vloeijende op haer pas?
Zy zijn van loome handt gefleept niet, maer gevlogen
   Uyt een doorluchten geest, wiens wackre penne was
Doorluchte diamant, papier doorluchtigh glas (§).

Ik zoude nog lofdichten kunnen bijbrengen
op teekeningen, op hare ervarenheid in de mu-
zijk, op het befpelen van het Kerkorgel te
*Alkmaar*, op borduurwerk, op kunstgewroch-
                                        ten

(\*) *Mengelwerk*, bl. 755. (†) H o o f t s *Brieven*, 356. 696. 706.
(§) *Mengelwerk*, bl. 755.

ten van paarlemoer en fchulpen (*) ; dan ik
moet mij bekorten.  Al hetgene , waaraan zij
hare handen floeg, verfraaide onder haar toezigt. ·In festoenen van vruchten en bloemen,
door haar bij hooge feesten op het Huis te
*Muiden* gevlochten , blonk zoo veel fmaak en
bevalligheid uit, dat B A R L Æ U S zich hierdoor
genoopt zag , zijn vermogen op de Duitfche
lier te beproeven.  Men hoore alleen het vers·
*op de festoen van Bloemen.*

Geluckige Sale, daer 't Weeuwtjen in fpoockt !
Geluckige Schouw, daer 't felden in roockt !
Wie fchildert u dus? wie ftelt u te pronck?
Wie maeckt u dus kruydigh·, dus aerdigh, dus jongck ?
Is F L O R A gevallen uyt J U N O O S Paleys?
Is P A L E S in aentocht? is C E R E S op reys?
Heeft H E B E gevlochten dit fraeije festoen ?
P O M O N A getempert het root met het groen?
Neen! 't is noch Godinnen, noch Goden, hun vondt.
Selfs ftaen fy verbaest en feggen in 't rondt:
De wasdom is ons, die konst van een handt,
Die felfs de nijt door haer geest heeft vermandt.
Ick fie, feyde C E R E S, mijn lof en mijn halm;
Ick hoor, fey P O M O O N', mijner bladeren galm;

                                               ·Ick ·

(*) B A R L Æ I *Poem.* T. II. p. 428. 432. J A N V O S , *Gedichten.*
*Verfcheidene Gedichten* , 1653. *Klioos Kraam. Nederl. Helicon.*

D 5

Ick rieck, feyde FLORA, de vrucht en de blom,
Die 't Sontje van 't Oost treckt Westewaert om;
Ick voel, fprack JUVENTA, mijn appeltjens rondt;
Ick proeve, fprack PALES, mijn pruimpies gefondt.
Toen fey de Poëet: 't Is TESSELTJENS doen,
Die 't oude maeckt jongck, de fteenen maeckt groen.
O TESSELA leef van de Goden gekust,
Die al de vijf finnen kunt geven haer lust! (*) (53)

De omgang met haar behaagde niet alleen aan
Mannen; door dienstvaardigheid, nederigheid,
zachtzinnigheid en zedigheid, was zij tevens de
lust en de geliefde der Vrouwen. Hoe zeer
HOOFTS LEONORE en derzelver Dochters haar
bezinden, zoude ik uit vele brieven van den
Drosfaard kunnen bewijzen (†). Eens ftelt hij
voor vast, *dat zij tooveren konde, vermits Vrouw
en Dochters kwijnden in hare afwezigheid.
De Meisjens*, fchreef hij, *jooken naa uw bij-
zijn; zy hebben het hoofdt vol van TESSEL-
SCHADES; zy droomen by lichten dag van de
genooten vriendtfchappen, lekkende haare vingeren naa den hoonig van uwe lieflijkheidt* (S).
ANNA VAN TRESLONG (‡) en ANNA VAN
WIC-

(*) *Verfcheidene Gedichten*, 1651. *Klioos Kraam*. D. I. bl. 236.
VAN HASSELT, over de *Jacobas Kannetjes*, bl. 43. 44.
(†) Br. 321. 342. 349. 356.     (S) Br. 349.
(‡) BARLÆI *Poem*. T. II. p. 251.

WICQUEFORTH waren hare Vriendinnen.
ALIDA BRUNO behoorde onder hare vereerders (54). Omftreeks den jare 1642 moet zij
van *Alkmaar* naar *Amfterdam* verhuisd zijn.
Alhier trof haar, in 1646, de ramp, dat eene
vonk uit een Smids winkel in haar linker oog
fpatte, en zij dit oog, na vele fmarten, geheel verloor. BARLÆUS zond haar, ter
vertroosting, dat fchoon Latijnsch vers (55),
hetwelk onder zijne gedichten zoo zeer uit-
fteekt. Zij antwoordde hem: *De geleerde
pleyfter over mijn oogh is goedt en foet en
faght en troostelijck en Goddelijck, maer 't
fchijnt oft daer een herder en frenger Heer
wil feggen: 't is altijt niet te doen met oly
in de wondt.* HUYGENS betoonde geene mindere deelneming. Hij zond haar een fchoon
dichtftuk, getiteld: *Ooghentroost aan* PAR-
THENINE (56); een dichtftuk, hetwelk misfchien met het beste van hem, om zin- en
zaakrijkheid, naar den prijs dingt, en waarin
hij het gemis van één oog gering rekent, daar
zoo vele menfchen, in weerwil van het bezit
van twee oogen, blind zijn, of hunne ware
belangen voorbijzien. TESSELSCHADE laat
zich over dit dichtftuk in denzelfden brief aan
BARLÆUS dus uit:

Het

Het nerpent heyl van ons hoogh Hofwijckfe Poëet
Behaeght my echter noch, het fij dan koudt oft heet.
    Zijn reeden wel gegrondt,
    Hoewel fe fchier een graw is,
    Is fmaeklijck in mijn mondt,
    Omdat fe nimmer lauw is. (57)

Zij onderfchreef dien brief met hare gewone zinfpreuk: *Elck fijn waerom* (58).

Zij wóonde verders te *Amfterdam*, en leefde aldaar geacht en geëerbiedigd door elken vriend van wetenfchap en deugd. VONDEL befchonk haar met den fchoonen *Vechtzang* (59), en droeg aan haar zijne *Electra* op; BREEROO had vroeger aan haar zijne *Lucelle* gewijd (60); HUYGENS de vertaling van de Engelfche gedichten van DONNE (61). BRANDT rekende hare tegenwoordigheid, bij de vertooning van zijn Treurfpel: *de veinzende Torquatus*, voor de grootfte eer, en gaf des eene fchoone dankzegging in verzen (62).

Haar genoegen werd wel verminderd, door dat zij hare Vrienden, HOOFT en BARLÆUS, voor zich ten grave zag dalen (63); dan haar dichtvuur werd niet geheel gedoofd. Zij werkte deftijds nog aan de vertaling van de *Adonis* van MARINO. Zij bezong ook den Munfter-
fchen

fchen Vrede (64), met al den gloed, dien de
zucht voor het heil van het Menschdom en
het Vaderland kan verwekken.

Dit was, voor zoo veel ik heb kunnen nagaan, haar laatst bedrijf. Kort hierna overkwam
haar het deerlijkst ongeluk, 't welk het hart
van eene Moeder kan treffen. Hare eenigfte
Dochter, M A R I A, was haar voornaamfte lust en
troost, en deze werd eensflags door eene heete
koorts aan haar hart en aan hare hope ontrukt.

Zij ontving den troost van hare edelfte Vrienden. W E S T E R B A E N beijverde zich vooral.
Hij zond, behalve eenige andere *troostrij-
men* (*), het volgend klinkdicht :

Ghy treurde, V I S S C H E R s kind, om uw verloren Gaede,
  Om uwen A D E L A A R T, doe d'onbeleefde Doodt
  Hem in zijn volle kracht fo fchielijk nederfchoot;
Doch een gefegent lot, tot boete defer fchaede,
Verfoette 't bittre roet van fulcken ongenaede.
  Een Dochter, die in geest haer fpeelnoots ging voorby,
  In fchoonheyd fonder kunst, trad in de voorfte ry,
En in bevalligheyd een keurigh oog verfaedde.
  Dees is u nu onthaelt in 't bloeijen van haer jeughd,
  En ghy verliest in haer geftage lust en vreugd.

Maer

(*) *Gedichten*, D. I. bl. 387.

Maer treur niet, TESSELSCHAE!'t is 't werk der Cherubijnen,
Die zijn door 't keeltje van dit Engeltje bekoord,
Zy feyden: Lang genoeg zijt ghy beneên gehoord,
Kom, klim ten Hemel op, word een der Seraphijnen! (*)

De Moeder had in één opzigt dezen troost niet noodig. Zij verhief zich wederom, door fterkte van geest en geloof, boven de droefheid. *Haar wil was wederom geboogzaam onder dien des Almagtigen* (†). Dan, helaas! het bleek nu, dat de krachten der ziele grooter waren, dan die des ligchaams. Dit bezweek onder den rouw, op den 20ften van Zomermaand des jaars 1649. HUYGENS getuigt zulks in het volgend Graffchrift: (§)

Dit is TESSELSCHADES Graf.
Laet niemand zich vermeeten
Haer onwaerdeerlijkheid in woorden uit te meeten:
Al wat men van de Zon kan zeggen gaet haer af.

Hoe dat ze om 't leven kwam
Verhael ik even noode.
Wat dunkt u, Moeders! 't was haer Dochter die haer doodde,
En die zy 't leven gaf, was die haer 't leven nam.

Maer

(*) *Gedichten*, D. L. bl. 386.   (†) HOOFTs *Brieven*, 419.
(§) *Korenbloemen*, bl. 693.

Maer 't kind had weinig fchuld;
De Moeder zag het fterven,
En ftierf om dat zy 't haer geliet te kunnen derven.
Zoo fneefde TESSELSCHAE door al te veel geduld (65).

\* \* \*

Ziet daar, Toehoorders! zoo vele getuigenisfen bijeengebragt, als ik gepast oordeelde:
Ik zou dezelve nog met vele hebben kunnen
vermeerderen. Gaarne ftem ik toe, dat op
de getuigenis en loffpraak van Dichters doorgaans eenige korting valt; verders, dat vriendfchap of liefde bij fommigen de pen zal hebben beftuurd: dan met dit alles durf ik gerus-
telijk, uit de algemeene overeenftemming en de
waarde der getuigen, tot beider waarde befluiten, en mij overtuigd houden, dat Gij in
dezen met mij eenftemmig denkt.

Gij zult ook, Mijne Vrienden! uit dit bij-
gebragte reeds hebben opgemerkt, dat, ten
opzigte der onderlinge bekwaamheid van beiden, meer ftoffe is tot vergelijking, dan tot
tegenftelling. Door éénen Vader opgeleid,
door dezelfde Vrienden aangemoedigd, in bijna
gelijke vakken van kunst en wetenfchap onderwezen, gebruikten beide de uitmuntende gaven

van

van het verftand tot de beste einden ; beide
verfierden dezelve met reinheid van zeden , uit
godvruchtige beginfelen ; beide even nederig
bij alle hare grootheid , bleven onafgebroken
de voorwerpen van de achting en den eerbied
der edelfte vernuften , der beste menfchen ;
beide bleven Vrouwen , en traden nimmer, als
zoogenoemde *Sçavantes* , buiten den kring harer beftemming ; beide voldeden ook aan de
hooge roeping tot Échtgenooten en Moeders (66).

Ik ben te weinig in mijne wenfchen geflaagd , om kunstwerk harer handen (67) te
bekomen , en durf hetzelve alzoo niet beoordeelen , of beider werk vergelijken ; derhalve
moet ik mij alleen tot het dichtkundige bepalen.

Veel had TESSELSCHADE voor, boven hare Zuster. — Om hare meerdere fchoonheid
en bevalligheid meer aangezocht, had zij verder het groot voordeel , ANNA ten voor-
beelde en tot geleidfter te hebben. Ook trad
zij tien jaren later ten tooneele , hetwelk destijds veel beteekende , als zijnde de gezuiverde
fmaak , in de dichtkunst vooral , in dien tijd
veel toegenomen , en voorgangers , onderwij-
zers en vrienden zeer veel in bekwaamheid ge-
vor-

vorderd. Later genoot zij ook boven ANNA,
bij het voordeel van geftadige briefwisfeling met
HOOFT, den omgang op het Huis te *Muiden*.
Hoe zeer ANNA te *Dordrecht* alle voldoening
voor hart en geest genoot, was de gelegenheid
aldaar tot vordering niet te vergelijken bij de
andere leerfchool, van welker waarde wij niet
dan een flaauw denkbeeld kunnen vormen. Na
dit, regtvaardigheidshalve, vooraf te hebben
gezegd, maak ik geene zwarigheid, om, wat
zwier en kracht van zeggen en vrolijk vernuft
betreft, aan TESSELSCHADE boven ANNA den
prijs toe te kennen.

Gelijk de hand van den meester in het
fchrijven, of de manier in het fchilderen, dikwijls bij den leerling kennelijk blijft, zoo ging
het ook hier in de dichtkunst. Gij hebt gezien, dat ANNA de Vriendin was van CATS;
TESSELSCHADE van HOOFT. Aanmerkelijk
is, dunkt mij, de zweem van de verzen der
eerfte naar den trant van den Zeeuwfchen Dichter; duidelijk is die van den Amfterdamfchen,
doch in mindere mate, om de meerdere moeijelijkheid der navolging, uit de verzen van de
laatfte te kennen. — De oudfte Zuster houdt
zich, als 't ware, in de laagte, fchildert zacht

E

en bevallig, put het onderwerp uit, en heeft
iets praat-, iets preek-achtigs; de jongfte ver-
heft zich, schildert met ftoute trekken, is wel
meer donker, doch geeft ook meer ftoffe tot
nadenken. De eerfte.... Dan laat ik liever
beide zelve doen fpreken, en twee proefjes
tegen elkander over ftellen.

ANNA verklaarde eene Zinnepop, zijnde de
afbeelding van eene fchoon getooide Vrouw,
met het opfchrift: *wat is het anders als fray?*
door het volgende:

Een Vrouw die niet als fingt en tuyt,
Die garen danst en die de luyt
Schier nimmer uyt haer handen leydt,
Fy! fy! dat is lichtveerdigheydt.


Maer is het niet een Hemel fchier
Te fien, hoe dat een geestigh dier
Met fangh en fpel haer man verquickt,
Als 't noodigh huyswerck is befchickt?


Misbruyck verkeert het foetfte foet
In walchelijck en bitter roet,
Ja heylfaem nutte medicijn,
T' ontijdt gebruyckt, keert in fenijn.

Dan

Dan die fijn oogh op 't eeuwigh flaet,
De tijdelijcke fraeyheydt laet,
Die met al 't wereltfche gefpoock
Verdwijnen fal als windt en roock. (*) (68)

TESSELSCHADE, van wie ik een veel minder aantal gedichten bekomen heb, waardoor
ik dus veel minder keuze had, fchilderde eens
voor de uitmuntende Zangeres, MARIA PILT,
*het onderfcheid tusfchen eene wilde en tamme
Zangfter.*

### Wilde Zangfter.

Prijst vry den Nachtegael,
Als hy u meenigmael
Verlust en fchatert uyt.
Een zingend vedertje en een gewieckt geluyt.

Wiens quinckelere foet,
De oore luystren doet,
Gauw, nae het tiereliertje
Der vlugge luchtigheyd van 't oolijk vrolijk diertje.

Wiens tjilpend fchril geluyt
Gelijck een orgel fluyt,
Veel losfe toontjes fpeelt,
En met een tong alleen, als duyzent tongen queelt.

Zijn

(*) *Zinnepoppen*, bl. 126.

E 2

Zijn hoogh' en laege zwier
Met lieffelijk getier
Van 't helle ſchelle zoetje
Vermeestert al 't gefang van 't zingend ſpringend goetje.

Een diertje wiens gelaet
In zeldzaemheyd beſtaet,
Om dat het niet en heeft
Als zangh die maer een maent in 't ganfche jaer en leeft

Maer 't meeste wonder dat
Zijn roem ooit heeft gehadt,
Is dat zoo kleine leden
Herbergen zulk een kracht van die luydruchtigheden.

## Tamme Zangſter.

Maer wilde Zangſter zwijg,
En nae uw adem hijgh!
Uw tjukken heeft geen klem,
Noch komt niet by den aerdt van Rofemondtjes ſtem.

Die na een liever trant
Doet luystren het verſtandt,
Met wisfe maet en ſnikjes,
Die vriendlijkheytjes fluyt in vaster tooneſtrikjes.

Wiens

Wiens rede ſtem vertaelt
En waerdiger onthaelt
De geestjes van 't gehoor,
En hupplen doet de ziel van 't hartje tot aen 't oor.


Als zy met grof gedreun,
En dan met teer gekreun
Van minnelijke treeken
Doet onderſcheidelijk verſcheyde tongen ſpreeken.


Geen veelheyt ons verveelt,
Hoe veel haer keeltje kweelt,
Maer eenen verſchen lust
Bekoort het graege oor als 't maer een ſnikje rust.


'T is zeldzamer geneught,
Die ſtaegh op nieuw verheught,
Geen ſtemmigheyt zoo lustigh,
Als deez' die zomers is en 's winters even rustigh.


### Oordeel.


Een yder oordeel nu
Van Nachtegael en u,
Wat een gelijkenis
Het ijdel galmen by dit woord bezielen is. (*). (69)

Wij

(*) *Verſcheidene Gedichten*, 1633. bl. 32.

E 3

Wij zagen dus, Mijne Vrienden! dat niet
alleen de meeste, maar ook de voornaamfte
Dichters, die in de eerfte helft der Zeventiende Eeuwe bloeiden, ter eere van beide Zusters
hunne lier ftemden; dat een ieder prijs ftelde om
bij haar bekend te worden; dat elk op het meest
ijverde, om voor hare oogen uit te blinken,
en dat een ieder zich in het fchoonfte licht
zocht voor te doen. Zoude men dan hieruit
niet veilig mogen befluiten, dat dit veel heeft
medegewerkt tot gebruik, tot befchaving, tot
verheffing, tot veredeling van ieders kunstver-
mogen? ook, door den invloed van beider zedigheid en deugd, tot kieschheid, tot ingeto-
genheid? — Ja, Mijne Heeren! ik durf nog
verder gaan. In den leeftijd van ons edel Zusterpaar nam de groei onzer Dichtkunst niet alleen merkelijk toe, maar dezelve geraakte destijds op het breedst van haar bloeijen. Naar
mijn inzien, heeft beider invloed en voorbeeld,
zoo zijdelings als regtftreeks, hiertoe groote-
lijks medegewerkt. Ik durf, derhalve, deze
Vrouwen niet alleen vergelijken bij die Vrouw,
welke, in de Gouden Eeuw der Griekfche
Letterkunde, door elken Geleerden en Dichter
als de wetgeeffter in het rijk van fmaak geëerbiedigd, aan de kunstgewrochten van dien tijd

de

de meeste verfijning toebragt; maar, daar zij,
bij fchoonheid, deugdzaam waren, en zoo wel
medewerkten als aanmoedigden, durf ik haar
ftellen boven die Griekfche Vrouw, de zoo
zeer geprezene ASPASIA.

Welk eene verpligting ligt er dus op ons,
Landgenooten! — Dat de Mannen medewerken,
om de zoo lang miskende verdienfte van deze
roemwaardige Zusters ten volle geregtigheid te
doen wedervaren! Dat zij zich beijveren, om,
met mij, de in het ftof der vergetelheid bedol-
vene meesterftukken van fmaak en kunst op te
fporen en in het licht te brengen! Het kan
niet misfen, of dit zal medewerken tot opwek-
king van de zucht, om ook de verdienfte van
andere geleerde en kunftige Vrouwen naar waarde te verkondigen. Dan zien wij, Nederlanders! ons eens ontheven van de blaam van
ondankbaarheid in dit allerteederst punt, en
het aandeel, 't welk der bevallige Sexe toekomt in den roem, door onze Landgenooten
in het rijk van wetenfchap en kunst behaald,
naar eisch opgezocht, naar waarde ten toon
gefteld (70). — Dat de Vrouwen flechts het
voorbeeld van ANNA en TESSELSCHADE na-
volgen! Het kan niet misfen, of vele onzer
Schoonen onttrekken zich dan aan den beuzel-

geest

geest onzer Eeuwe; zij ßouden op, onze rijke moedertaal te verachten, en de nuttige gefchriften van onze Voorouders en Landgenooten te verfmaden ; zij zullen dan de wijsheid putten uit de beste bronnen. Dan zullen zij hare Dochters van vreemde zeden affchrikken , en alzoo tot Nederlandfche Vrouwen opleiden. Wij weten nu , wat Nederlandfche Vrouwen hebben kunnen zijn in vroegere dagen; wat zullen zij kunnen worden bij meerdere befchaving en verlichting ? Zeker zien wij dan andere ANNAS, andere TESSELSCHADES te voorfchijn treden ; — wij zien dan ook deze omringd door allen, die uitmunten in kunde en deugd; — wij zien dan dezen langs den weg van pligt, door haar met bloemen beftrooid, voorgaan en opleiden naar den Tempel van den waren Roem.

AAN-

# AANMERKINGEN

## EN

## BIJVOEGSELS.

~~~~~~~~~~~~~~~~~

(1) Bl. 3.

Tot dit zeggen heeft voornamelijk aanleiding gegeven, dat in de dichtwerken van B. NIEU-WENHUIZEN en Mr. H. A. SPANDAW ver-geefs gezocht wordt naar melding van beider naam en verdienfte. De eerfte heeft het Fransch Dichtftuk van LEGOUVÉ, *de Lof der Vrou-wen*, vrijelijk en met bijvoegfels vertaald; — de laatfte gaf onlangs een Dichtftuk, *de Vrouwen* getiteld. Beide werken zijn den welgevestigden naam der Dichteren en der Nederlandfche Vrou-

wen

wen waardig. In de fchoone bekroonde Prijs-
verhandeling van N. G. VAN KAMPEN, *over
de Lotgevallen der Dichtkunst*, zijn beider
namen insgelijks niet gedacht. Het vereischt
ook opmerking en afkeuring, dat in het *Pan
Poeticon Batavum*, bij het Leydsch Kunstge-
nootfchap bewaard, op geene van beiden eenige acht is geflagen. Hierdoor is er ook niets
in het groot, en voor de Gefchiedenis onzer
Dichtkunst belangrijk, werk van G. BIDLO,
*Pan Poeticon* getiteld; alleen is aldaar, bl. 274,
eenige melding van ANNA, als ·Dichteres van
het werkje: *de Roemfter van den Aemftel.*

(2) Bl. 4.

ROEMER VISSCHER. Behalve het medegedeelde in de Redevoering heb ik geene berigten gevonden omtrent des mans lot en bedrijf. Bij WAGENAAR, *Historie van Amfterdam*, D. III. bl. 205, is eene korte fchets
van zijn leven. In de *Aanteekeningen van den
geleerden MEERMAN op het Parallelon van
HUGO DE GROOT*, D. III. bl. 384, is nog
iets, gelijk ook eene beoordeeling van zijne
·dichterlijke waarde, die niet gunftig is.

Zijne nagedachtenis is met dit alles te veel
vergeten, en men zal het mij wel ten goede
hou-

houden, dat ik te dezer gelegenheid over hem en zijne werken eenigzins breedvoerig uitweid.

Dat hij een der eerfte befchavers onzer fchoone en rijke moedertaal is geweest, zal, na de voortreffelijke *Verhandeling* van den beroemden HUIZINGA BAKKER, *over den trant der Nederduitfche Poëzij*, geplaatst in Deel V. van de *Werken der Maatfchappij van Nederduitfche Letterkunde*, geen betoog behoeven. — De verdienften van de Kamer: *in Liefde bloeijende*, worden hierbij insgelijks naar waarde aangeftipt, en hiervan was ROEMER VISSCHER een der verdienftelijkfte leden. Hij had derhalve ook melding verdiend in de reeds geprezene fchoone Verhandeling van den geleerden N. G. VAN KAMPEN. — Hoe vele aanmerkingen er ook te maken zijn op zijne verzen, wegens gemis van fmaak, maat en welluidendheid, komt het mij echter voor, dat ROEMER het, over 't algemeen, in losheid, duidelijkheid en geestige wendingen, wint van de beide genoemde medewerkers, SPIEGEL en COORNHERT. De eerfte was ten minfte toen nog niet geheel genezen van den wanfmaak, om *retrograden* en dergelijke voortbrengfels van het valsch vernuft, op der Vlamingen

voor-

voorbeeld, te vervaardigen. ROEMER beant-
woordde het gefchenk van een versje, hetwelk
van achteren af insgelijks konde gelezen worden, aan SPIEGEL met een Puntdicht, waarin hij zulke versjes met den naam van *krabben*
beftempelt, en zijn' afkeer daarvan betuigt.

Ongelijk veel minder vindt men ook bij
VISSCHER dan bij SPIEGEL de overmatige
zucht, om, door overdragtelijke befchrijvingen,
de zaken te verfraaijen, zoo men meende,
hetwelk dikwijls op verdonkeren uitliep. —
Bijzonder ijverig was hij, om de nieuwere
Poëten in de Latijnfche taal te beoefenen, en
de aardigheden van dezen in zijne Kwinkflagen
en Puntdichten te volgen; behalve uit ANA-
CREON, MARTIALIS, OVIDIUS en CATUL-
LUS, zijn er navolgingen van Dichtftukjes van
PETRARCHA, PANDULFUS COLLENUTIUS,
ERASMUS, MORUS, SLEIDANUS, BUCHA-
NANUS, MICHAEL MARULLUS TARCHA-
NIOTA, HIERONYMUS ANGERIANUS,
NICOLAUS BORBONIUS, JANUS SECUN-
DUS, ADRIANUS SCORELLUS, DOUZA,
BEZA, MAROT en RONSART te vinden. Naar
MARTIALIS is echter ver het meeste gevolgd,
en wel meer naar dezen alleen, dan naar alle
anderen te zamen.

Hij ·

Hij bleef bij de Roomfche Kerk ; WAGE-
NAAR heeft, ter aangehaalde plaatfe, uit
ROEMERS eigene werken betoogd, dat hij vrij
was van bijgeloovigheid, en, blijkens zijne oor-
deelvellingen over *heilige dagen*, de *beelden
der Heiligen*, het *onderzoeken der Schriften*,
enz. enz. durfde twijfelen en voor zich zelven
denken. — Dit zoude ik met verfcheidene
nieuwe bewijzen kunnen ftaven ; en het komt
mij, na eene naauwkeurige overweging, voor,
dat ROEMER, even gelijk zijn Vriend SPIE-
GEL, te tellen is bij de voorftanders van de
leer van ERASMUS, om liever de Kerk in de
Kerk te hervormen, dan alles omver te halen,
of, om de woorden van den nooit volprezenen
DUIFHUIS te gebruiken, *in plaats van de
vuilnis alleen, tevens den vloer uit de Kerk
te vegen.* Bijzonder heeft hij zich in zijne
Puntdichten uitgelaten tegen de vreemde Gees-
telijken, die, van elders herwaarts gevlugt,
zelf vervolgers werden, den geloofsijver aan-
hitften, en de fcheuring ongeneeslijk maakten.

Behalve de genoemde medewerkers, SPIEGEL
en COORNHERT, konde hij de edelfte menfchen als zijne Vrienden befchouwen. De CATO
van zijnen tijd, CORNELIS PIETERSZOON
HOOFT, de fchrandere SAMUEL KOSTER, de
be-

beroemde Secretaris van *Leyden*, JAN VAN
HOUT, en de lofwaardige JACOB GIJSBERTS-
ZOON, Secretaris te *Amfterdam*, zijn vooral
te dezen te vermelden.

Wat ik in de Redevoering gezegd heb omtrent zijn huis, wordt door SPIEGEL vooral
bevestigd. Deze zegt ergens, dat

Zijn vloer betreden werdt, zijn drempel werdt gefleten
Van Schilders, Kunftenaars, van Zangers en Poëten.

Zijn karakter moet gul en rond zijn geweest.
Hoe zeer zijn lust viel op Hekeldichten, kan
men echter zeggen, dat er zekere zachtheid
doorgaans in doorftraalt, en dat meer de ge-
breken dan de perfonen gehekeld worden. ―
De getuigenisfen van zijne Vrienden bevestigen
zijne gulheid en vrolijkheid. PETRUS SCRI-
VERIUS noemt ROEMER, in een' zijner brieven aan CUNAEUS, dien hij met het overbren-
gen eener groete belast: *jocorum illum et gra-
tiarum patrem* (*). *De ronde* ROEMER is zijn
bijnaam bij HOOFT, HUYGENS en anderen.
Van zijne gewoonte, om de zaken in de beste
plooi te fchikken, en van zijne gastvrijheid,
zijn zeer vele blijken in zijne werken. In de
*Rom-*

(*) MATTHAEI *Analecta*, Tom. I. p. 371.

*Rommelzoo*, bl. 116, is zijn antwoord op vele zwaarmoedige bedenkingen van SPIEGEL, en op bl. 111 zijn *Tafel-recht*, hetwelk ik ter proeve laat volgen.

't Hooft van de disch fy Waerdt en Waerdinne;
Verwaende courtofy komt hier niet inne;
Beleeft en goedt ronds na Hollandtfchen aert;
Niemandt fy boven den omganger met drincken befwaert;
Elck moet fitten daer de Waerdt fal beveelen;
Ten minften moet elck een liedeken queelen;
Het tafelbordt, u gegeven, laet voor u leggen;
*Spout niet het woordt* (*), (wat fou men feggen;)
Boven de helft van het gediende en dient niet voort;
Niemandt waeyt met fijn hoedt na de *benedijst* (†) is gehoort;
Boven eens fal hem niemandt excufeeren;
Voorts leeft boertigh en eerlijck, na uw felfs begeeren;
Gefchiet er fchimp, trots, fmaedt, onwil,
Soo moet de wijste hier fwijgen ftil;
Elck doe voorts fijn best om 't gefelfchap te vermaken;
Morgen moet men daer niet ten quaden af kaken.

\* \* \*

Defe Wetten gaf ROEMER in fijn eygen huys;
Die fe niet en behagen, die blijve t'huys.

Zijn

---

(*) Het is mij duister, of dit *val niemand in de rede*, of *floor het gebed niet*, moet aanduiden.
(†) Benedijst, *benedictie*, het voorgebed; *gracie*, het nagebed.

Zijn gelaat moet fchrander en deftig geweest zijn. Ik heb de afbeelding van hetzelve kunnen geven, door de verpligtende heuschheid van den Heer DANIEL DE JONG., te *Rotterdam*, in wiens uitmuntend Kabinet de fchoone teekening berust van J. STOLKER, gemaakt naar de fchilderij van FRANS HALS. Waar deze fchilderij is, bleef mij, in weerwil van alle nafporingen, onbekend. Het *emblema* van ROEMER, zijnde een roemer of drinkglas tusfchen eene wijnkan en eene waterkruik, en het onderfchrift : *Elck wat wils*, is gedeeltelijk hierbij afgebeeld, en geheel op den titel van zijne werken en in de *Zinnepoppen*, Schok II. N°. I.

Ter laatfte plaatfe is het onderfchrift :

Die wijslick yder een toelaten kan wat wils,
Die hout fich felfs gerust en voorkomt veel gefchils.

Zijne werken kunnen thans bijna als geheel onbekend worden aangemerkt, en men verwacht dus alhier waarfchijnlijk een volledig verflag.

Het voornaamfte deel van dezelve is het boekje, *Zinnepoppen* getiteld. Zij beftaan in eene afbeelding van iets, hetwelk betrekking heeft of toepasfelijk wordt gemaakt op eene

daar

daar boven ftaande korte fpreuk; welk een en
ander dan verklaard wordt in eêne daar nevens
ftaande uitlegging. De meeste hebben betrekking tot het dagelijksch leven, en bevatten
doorgaans eenige nuttige leering; fommige zijn
klaar en eenvoudig, andere fcherp en ftekelig;
eenige zijn niet vrij te kennen van duisterheid,
en van mindere beteekenis.

De eerfte druk van dit werk verfcheen te
*Amfterdam*, in 1614, bij WILLEM JANS-
ZOON, *in de Zonnewijzer op het Water;* deze
is in lang 4$^{to}$, met de prent en de verklaring op
één blad. In dezen druk zijn de prenten zeer
zuiver en fcherp, en hierbij is geene fcheiding
tusfchen de *Zinne-* en *Minne-poppen*, die in
den tweeden druk plaats heeft. — Deze tweede
druk verfcheen, door de zorg van ANNA, bij
denzelfden Uitgever, doch zonder jaartal, in
klein 8$^{vo}$. Ook in deze uitgave zijn de prenten zeer fraai, en dezelve is de beste, om de
verbeteringen door ANNA, die niet alleen alles
heeft gerangfchikt, en tevens verfcheidene uitleggingen verbeterd, aangevuld, en geheel nieuwe heeft gegeven, maar ook alle prenten voorzien heeft met tweeregelige versjes, die van
hare fcherpheid van oordeel en kracht van zeggen bijzonder getuigen. — De derde druk is
F                          van

van 1669, te *Amſterdam* bij JOHANNES VAN
RAVESTEYN. Dezelve is nimmer door mij gezien ; dan , volgens berigt, zouden de platen
tamelijk zijn. — De vierde druk is veel minder van plaatdruk , en verfcheen 1678 , te
*Amſterdam* bij SANDER WYBRANTZ en AN-
DRIES VINK *in Compagnie.*

In alle uitgaven is de verdeeling in *Schok-
ken* (*) , en van deze zijn er drie, dus 183 ,
en 10 Minnepoppen, van welke laatſte de fraai-
ſte verklaring van ANNA in de Redevoering
bl. 11 is vermeld. ROEMER fchijnt meer
*Zinnepoppen* vervaardigd te hebben, waarfchijnlijk ook *geestelijke ;* dan deze zijn , zoo veel
ik weet , nimmer uitgegeven. In HOOFTS
*Brieven,* No. 240, is van eene melding ; deze
was op het ſpreekwoord: *Mompen* (bedriegen)
*geldt meê ;* hier was JAKOB afgebeeld , *daar
hij zijnen Vader met de pelslappen loert , om
het water van EZAUS zegening naa-zijnen
moolen te leiden.* De platen zijn fraai geteekend en zuiver gefneden , en , door dat zij
doorgaans maar één beeld bevatten, eenvoudi-
ger en klaarder dan vele dergelijke liefhebbe-
rijen

(*) Een *Schok* is een zestigtal ; op elk Schok is één toegege-
ven als *beſlag* of toegifte, elders *toshaak.*

rijen in de werken van HOOFT, CATS, ZA-
CHARIAS HEYNS, SEVECOTIUS en anderen,
aldaar *Zinnebeelden* genoemd.

Van zijne andere dichtwerken verfcheen de
eerfte druk in 1612, bij JAN PAEDS JACOBS-
ZOON te *Leyden*, in lang 4to en met de oude
Hollandfche fchrijfletter of loopend fchrift,
zonder des makers naam, en, zoo het mij toe-
fchijnt, buiten zijn weten. De titel is: *'t Lof
van de mütfe ende van eene blaeuwe fcheen,
met noch andere ghenoeghelijcke boerten en
quicken*, enz. In de Voorrede is gemeld,
dat het 't werk van ROEMER is, en tevens is
alhier veel bijeengebragt tot zijnen lof, uit de
getuigenisfen van JANUS DOUZA en anderen. —
Aanmerkelijk vooral is deze Voorrede om de
vermelding der nummers van de Puntdichten,
die naar MARTIALIS gevolgd zijn. Onder de
*Quicken* zijn verfcheidene, die of niet van
ROEMER zelven, of, als van minder allooi,
naderhand zijn uitgefchift.

Eene betere uitgaaf verfcheen, met den titel van *Brabbelingh*, in 1614, bij WILLEM
JANSZOON, *op het Water in de Zonnewijzer*, klein 8vo, met eene Duitfche letter. Deze pronkt, behalve met den titel, met twee
aardige prentjes; vooraan is de Zotheid, met

F 2      een

een fnaaksch oog hare fpottende pop aanzien-
de; het opfchrift is: *Elçk heeft de zijn'* —
het onderfchrift: *Dit is de mijn'* (*). Achter-
aan is de aardige afbeelding van een' man, met
een fatyriek gezigt door de vingers ziende,
insgelijks voorzien van eene pop, die lagchende
en met ezelsooren voorgefteld is; het onderfchrift is: *quaefo*, (ik bidje). Hierbij is ook
eene geestig geftelde Voorrede, waarin hij
vooral zich gebeten toont op de likkebroeders
van BACCHUS gild, die bij de roemers zich
allerlei aanmerkingen veroorloven, en op de
fchijnheilige pilaarbijters, die doorgaans geheel
vergeten, wat zij bedreven en gezegd hebben,
en geftadig anderen veroordeelen.

De derde druk verfcheen ook te *Amfterdam*,
in 1669, bij JOHANNES VAN RAVESTEYN,
met gelijken titel, doch zonder prenten. Vermits deze het meest bekend en te krijgen is;
heb ik denzelven bij de aanhalingen gebruikt.
Er zijn

I. Zeven Schok *Quicken*, (Kwinkflagen.)
Deze zijn van allerlei aard; vele getuigen van
zijn

(*) Dit prentje is door FRANS HALS, blijkens de teekening van J. STOLKER, op den achtergrond van de fchilderij,
als aan den muur gehecht, afgebeeld. Om het oog niet te
verwarren, heb ik het niet doen afteekenen.

zijn vrolijk vernuft, dan vele ook van de ruw-
heid en onbefchaafdheid van zijnen leeftijd;
deze laatfte misfen, behalve welluidendheid en
maat, die kieschheid in uitdrukkingen, welke
thans met reden algemeen verlangd wordt. —
De meeste zijn betrekkelijk tot de vrouwen en
de vrijerij, en hier zijn de navolgingen van
vele bevallige minnedichten van ANACREON,
CATULLUS (*), OVIDIUS, ANGERIANUS,
JANUS SECUNDUS, waarover reeds gefpro-
ken is.

H.

(*) Het was voor mij eene aangename verrasfing, hier onder
versjes te vinden, die onze te weinig gekende Friefche Hoofd-
dichter, GIJSBERT JAPIKS, zoo meesterlijk in onze oude
Landtaal heeft overgebragt, en waarover zuike keurige be-
rigten gevonden worden in de fraaije Redevoering van mijnen
Vriend RINSE KOOPMANS over GIJSBERT JAPIKS als
*Dichter*, geplaatst in het *Nieuw Magazijn van Wetenfchap,
Kunst en Smaak*, als ook in de werken van mijnen ge-
eerden Leermeester, den Hoogleeraar EVERWINUS WAS-
SENBERG, in de *Narratio de vita, moribus ac carminibus*
GIJSBERTI JACOBI F., in 1793 door deszelfs waardigen
Leerling GERARDUS BENTHEM REDDINGIUS verdedigd,
en in zijne voortreffelijke *Taalkundige Bijdragen tot den Frie-
fchen tongval*, Stuk I. bl. 187. Het is hier de plaats niet, om
dit alles breedvoerig te betoogen; dan de aanwijzing zal
waarfchijnlijk aan fommigen niet onaangenaam zijn, dat het
Vde *Carmen* van CATULLUS bij ROEMER VISSCHER is
Schok II. No. 49, bij GIJSBERT JAPIKS bl. 33; de 15de
Lierzang van ANACREON bij R. V. Schok II. No. 29, bij
G. J. bl. 34; het *Eratopegnion van* HIERONYMUS ANGE-
RIANUS in *Deliciis Poëtar. Italorum* Tom. I. p. 186. *Collect.
Gruteriana* bij R. V. Schok III. No. 40. bij G. J. bl. 35. Quik

F 3

No.

- II. Twee Schok *Rommelfoo*, (Mengeldichten). Deze zijn meerendeels van ernftigen aard, en loopen over allerlei onderwerpen. Ik kan echter aan dezelve geene groote waarde toekennen. In het tweede Schok zijn vele kleine gedichten uit C A T O, om op tafelborden te fchrijven.

III. *Raedtfels.*

IV. *Tuyters*, (Sonnetten, Klinkdichten).

V. *Jammertjens*, (Elegiën, Klaagdichten).

VI. *Tepelwercken* (\*), Mengelwerk van grootere uitgeftrektheid dan in de Rommelzoo; onder meerdere zijn *de lof der Rhetorica* (†), *de lof van de blaeuwe fcheen* en *de lof van de mutfe*, de beste.

Om

No 16 van Schok III. is ook bij G. J. bl. 29. No. 1 van Schok II. is op het fchutblad bij G. J. enz.

Uit de vergelijking van het een en ander zal de eerfte gisfing van gemelden Hoogleeraar, dat de Friefche Dichter de oude talen niet gekend heeft, aanmerkelijk bevestigd worden; ten minfte is het mij als hoogstwaarfchijnlijk voorgekomen, dat R O E M E R s navolging aan den anderen niet onbekend is geweest, omdat het Friesch meer hiermede overeenftemt, dan met het oorfpronkelijke; zeer aanmerkelijk hebben echter deze navolgingen onder de handen van den Fries gewonnen.

(\*) In Friesland is dit woord *tepelwerk*, *tepelen*, of liever *tiepelwerk*, *tiepelen*, nog niet geheel buiten gebruik; het komt overeen met het meer bekend *knutfelen*, *knutfelwerk*. Het zoogenoemd *knippelfpel* heet aldaar het *tiepelfpel*.

(†) Der Dichtkunst, die men toen nog alzoo noemde; van hier Rhetorijkers enz.

Om van de dichterlijke waarde in gedachten,
hoe veel er ook op ftijl en houding is aan te
merken, eenigzins te doen oordeelen, geef
ik eene proef van vrolijken ftijl uit de derde
Elegie.

Ben ick niet geluckig dat my Godt heeft toegeveugt
Een Vrouwe die verciert is met fchoonheyt en deugt?
En dat geluck dat quam tot my gedreven
Met uwen Brief, die ghy my hebt gefchreven;
Geluck is waerlijck de veeder en de fchacht,
Die fchreef dat foo groot van my is geacht:
Geluckig is de hand diefe gezegelt heeft en gebonden,
En aen my, door gratie, heeft gefonden:
Geluckig was de bode diefe t' mywaerts brengen ging:
Maer noch veel geluckiger die den Brief ontfingh.

Hoe ick defen Brief meer en meer deur las,
Hoe grooter mijn lust om te lefen was:
Want alle mijn verdriet dat ruymde 't velt,
En mijn geneught drongh op met gewelt,
Ter tijdt toe dat ick las een woordeken ongier,
Dat ick defen Brief moest werpen in 't vyer.

Doe liet mijn geneughte weder hangen 't hooft,
Denckt hoe dat twijffel mijn finnen had berooft:
Want de onderdanigheyt die t' uwaert groot is,
My defen Brief te verbranden geboodt wis,
En de lust die ick had om die te bewaren,
Trock de handt te rugge, en dedet niet garen.

F 4                                    Al

Al te met wurp ick die in 't vyer om te branden:
Terftondt greep ickfe weder uyt met mijn handen:
Dan weder daer in, en kort weêr uyt na defen:
Ten laetften liet ickfe branden, om dattet fo moest wefen,
Seggende, na dat ickfe menighmael had gekust,
Ghy moet verbrandt zijn om dattet haer foo lust:
Want ik wil haer liever gehoorfaem met druk en pijn,
Dan ongehoorfaem met alle vreughde zijn.
Siet hoe tot ftof en asch is gekomen,
De meeste vreught die ick oyt heb vernomen.

   Maer foo ick van u mach krijgen noch een Brief,
Om die te verbranden mijn alderlieffte Lief,
Sal ick die by mijn herte leggen met gevoegh,
Daer falfe, om te barnen, vinden vyers genoegh,
En fal bevinden hoe feer het amoureufe vyer
Mijn herte heeft ontfteken door haer foet beftier.

  Ik zoude dit medegedeelde nog aanzienlijk kunnen doen uitdijgen, door de inlasfching van getuigenisfen van anderen; dan ik beperk mijnen lust. — Bijfchriften op zijn gelaat heb ik niet gevonden; van de Graffchriften is het volgend van HOOFT het beste:

    ROEMER VISSCHER rust hier binnen,
    Moe gefpeelt met Hollandtsch jock,
    Want hy quicken by de Schock
    Schreef, en Popte met de Sinnen,
    Siend' al 's weſeldts wetenfchap
    Aen voor vulfel van de Kap.

(3) Bl. 7.

Dit *glasfchrijven* moet niet verward worden met het *glasfchilderen*, hetwelk bij vele Schrijvers (*) met elkander verwisfeld wordt. Het laatfte, hetwelk, door het opftrijken en inbranden der verwen, en door het affnijden en aaneenhechten van het glas, eene omflagtige werkzaamheid vorderde, was niet voor Jufferlijke handen tot uitfpanning gefchikt. Het *glasfchrijven* beftond in het trekken van letters op glas met krullen en andere verfierfels, en het was toen mode, om vrienden en bekenden met aldus bewerkte *bokalen*, *roemers*, *fluiten*, *fchalen op fchroeven*, en andere drinkglazen te befchenken. Het werk van ANNA en TESSELSCHADE, voor zoo veel ik gezien heb, komt hiermede overeen.

HOOFT maakt, in het in de Redevoering ingeweven vers, melding van het *ftippen op glas*; dan ik gis, dat dit om het rijm gezegd is; mij is ten minfte niet voorgekomen, dat

AN-

(*) Zie VAN MANDER (uitgaaf 1618) in het Leven van LUCAS VAN LEYDEN, bl. 135. AMPSING, *Hagrlem*, in het Levensberigt van H. SYMONS, bl. 311. TYBOUT KUFFENS, bl. 365. H. GOLTSIUS, bl. 369. BALEN, *Dordrecht*. Levensberigt van J. VAN KUYK, bl. 648. HOUBRAKEN, *Schouwburg*, D. I. bl. 231 en 316.

F 5

ANNA de glazen op zulk eene wijze (*) bewerkt heeft, als voorheen door GREENWOOD,
SCHOUWMAN, HOLLARD, en later door
WOLF, met zoo veel lof als bekwaamheid is
gedaan. Ik zoude gaarne anders betoogd hebben, dat ANNA of TESSELSCHADE dezen
Kunftenaren hierin ware voorgegaan, en alzoo
den weg gebaand hadde voor deze fraaije bewerking, die vooral door den laatstgemelden
Kunftenaar tot zulk een hoogen trap van vol-
maaktheid en fchoonheid is gebragt.

(4) Bl. 8.
Wie deze Moeder was, bleef mij eenigzins
onzeker. Uit een briefje van TESSELSCHADE
aan HOOFT bleek het mij, dat de Moeder
MAGDALENA heette. Zij maakte het overlijden van haar Dochtertje in April 1630 bekend,
en fchreef toen: *Ick had het foo geerne be-
houden, ook om door haer naem aen mijne
Moeder te denken, die ick niet gekend heb.*
In ROEMERS *Quicken* zijn eenige versjes aan
en over eene MAGDALENA JANS, en dus gis
ik, dat dit haar naam zal zijn geweest.

(*) Dat de kunst van op 't glas te ftippen of te drillen destijds niet geheel onbekend was, blijkt uit JAN VOS, *Gedichten*, bl. 248.

(5) Bl. 11.

Onder deze Zinnepop ftaat:

Soeckt ghy bemint te zijn? bemin: want d'eene min
En voorbewefen jonst breught noodtlijck d'ander in.

(6) Bl. 11.

Het opfchrift van deze Minnepop is : *Penetrat et folidiora*. Het onderfchrift:

Met PALLAS fchilt bedeckt, heb ick de Min getert,
Hy lachte fnaecks, en fchoot, ay my ! recht in mijn hert.

(7) Bl. 11.

Bij het uitfpreken van de Redevoering had ik dit, alleen om de meerdere welluidendheid en betere maat, twijfelachtig gefteld ; dan, uit de vergelijking van de vroegere en latere drukken, bleek het mij ftellig, dat deze Bijfchriften het werk van de Dochter en niet van den Vader zijn. Gaf ik aan dit moeijelijk werk den fchuldigen lof, dan zoude ik de meeste moeten affchrijven ; fommige zijn reeds vermeld, doch tot eene betere proef geef ik nog het volgend twintigtal:

Op een blaasbalg, waarmede een fmeulend vuur wordt aangeftookt, bl. 2.

De vonck der Deughr fchijnt vaeck benevelt en bedamt,
Die, als goê leringh blaest, weer helder brant en vlamt.

Op

Op een zeilend fchjp, met eene opgehaalde
boot aan de zijde, bl. 14.

Verdraeght geduldelijck wat last en ongerief
Van dat u in den noodt kan dienftigh zijn en lief.

Op een zwaard, met geldftukken belegd,
bl. 28. :

Geen fterckte, macht, geweldt, zijn by mijn kracht te lijcken,
Waer ick die flechts vertoon, gaet elck eerbiedigh wijcken.

Op een waslicht, hetwelk op eene bepaalde
maat brandt, bl. 45.

Benaude herten die Tyran of duyvel quelt,
Vertroost u, want Godt heeft haer tijdts befteck geftelt.

Op eene perkementen acte, met een groot
afhangend zegel, bl. 46.

'k Hou niet van die met fchoon beloften ons verdooven,
Daer doen het zegel is, daer moet ick het gelooven.

Op een geweerflot, met een lont en een
vuurflag tevens voorzien, bl. 58.

Wanneer een wijs man yet misluckt of fportelt tegen,
Soo redt hem fijn verftandt, dat laet hem niet verlegen.

Op eene klappende raaf, bl. 67.

Die fijn geluck niet fwijght, die werdt daer door benijt,
Of lockt een fchalcke Vos, die 't hem maeckt listigh quijt.

Op

Op een eekhorentje, hetwelk, met behulp
van zijn' ftaart, op een ftuk hout over een
beekje drijft, bl. 77.

Neemt waer de mid'len u gefonden van den Heer,
Godt helpt die, die, niet luy, hem felven ftelt te weer.

Op een' hond met een blok aan den hals-
band, bl. 81.

Die redens fachte juck verwerpen, dwinght men met
De togel fcherp van dwangh, en ftraf van ftracke wet.

Op een egel, door twee honden te vergeefs
aangevallen, bl. 87.

Spits uw gemoet met deught, onwanckelijck en vast,
Soo fal u deeren niets, hoe nijt en laster bast.

Op een aap, die den poot van de kat gebruikt, om de kastanjes uit het vuur te halen, bl. 92.

Veel foecken eygen baet, met 's anders fchâ of leet,
Noch werdt dees fchelmfche treck met redens fchijn bekleet.

Op het heiwerk aan de zeedijken, en de
fpreuk, bl. 122.

*Daer de natuer heeft ramp,*
*Set het vernuft een klamp.*

Hollanders fchaemt u niet 't verwijt van 't driftigh landt,
Door ramp van de natuer blijckt en blinckt uw verftandt.

**Op**

Op een man, die een wolf bij de ooren
heeft, bl. 127.

Ontfteeck den droes een kaers, al maeckt hy 't al wat grof,
Ick neem ghy vat hem al, hoe raeckt ghy weer daer of?

Op een zwemmer, die zich op opgezette
blazen betrouwd had, en door het breken van
dezelve te gronde gaat, bl. 143.

Wie forgloos hem verlaet op byftant van fijn vrinden,
Die fal hem in den noodt deerlijck bedrogen vinden.

Op de Faam met twee bazuinen, bl. 145.

En kreunt u vroomen niet: geen faem uw deught belast,
Noch boofen u verblijdt : geen faem uw fmet afwafeht.

Op iemand, die een boom fnoeit, bl. 165.

Met armoed, fieckt en pijn, druck, onfpoet en verdriet,
Snoeyt Godt ons dertelheydt, maer haet ons echter niet.

Op een fpringer, die vooraf de maat van zijnen polsftok neemt, bl. 171.

Die ftaet fet na fijn goet, fijn macht meet, en bedenckt,
Springht drooghs-voet over, daer een ander in verdrenckt.

Op in een doofpot ingerekende kolen, bl. 173.

Die 't overfchrot bewaert, en fuynigh wefen kan,
Heeft, als de doorflagh mist, weer wat te tasten an.

Op

## Op een' vuurflag, bl. 182.

Door naerftigheydt en dwangh werdt vaeck wel opgeweckt
't Vernuft, dat onder d'as van plompheydt lagh bedeckt.

## Op de fabel van den ijzeren en den aarden pot, bl. 190.

Gevaerlijck is altijdt de vriendtfchap ongelijck
Vàn die die boven u verheven zijn of rijck.

## (8.) Bl. 12.

Behalve de reeds geplaatfte aanvullingen in
poëzij, verdient nog melding het volgend bij-
en over-fchrift op de gewone afbeelding van
*de Fortuyn.*

Het bij-fchrift is:

't Geen de fortuyn my gaf, onttrockfe fchielijck my:
Maer gaven van de deught, die blijven eeuwigh by.

## De verklaring is:

Wat roemt de mensch van de Fortuyn,
Die doch foo los ftaet en foo kuyn;
Al geeft fy fomtijdts goedt en eer,
Seer lichtlijck gaet fy 't nemen weer:
Haer wufte ongeftadigheydt
Van veel onwijfen werdt befchreydt:
Maer gaven van de milde deught
Sijn wijsheydts en genoegens vreught.

Ge-

Gedult en rede, en goedt verftandt,
Daer door fet hy felf na fijn handt
Het avontuer; hy puft, belacht
Haer gramme, onmachtige macht. (*)

Na dus van het dichterlijk werk van ANNA berigt en proeven gegeven te hebben, zal ik de aanvullingen in gebonden ftijl door haar niet onaangeroerd mogen laten. Die uitleggingen zijn met de letters *A. R.* geteekend, en fteken doorgaans bij de overige af in klaarheid; doch het fchijnt tevens, dat zij haren ftijl veel naar dien van haren Vader heeft gewend; die is ftouter en fcherper, dan men anders van eene Juffer zoude verwachten. De twee volgende kunnen tot proeven dienen.

Op Pl. XXIII. van het eerfte Schok zijn een groote begrafenis-lantaarn zonder kaars, en een klein hand-lantaarntje met licht, als bij elkander ftaande, verbeeld.

Opfchrift: *'t Scheelt te veel.*

Onderfchrift:

Soo veel dit flonsje kleyn de groot' te boven gaet,
Oock boven rijck en fchoon 't verftant te loven ftaet.

Ver-

(*) *Zinnepoppen*, bl. 179.

Verklaring:

*De beminders van het gemeenebeste feggen,*
*dat men wel mach bidden dat rijcke en hoogh-*
*gebooren lieden wijfe kinders krijgen, want fy*
*raken op 't kusfen, niet tegenftaende het alte-*
*met groote Lantarens fonder licht zijn; daer*
*een kloeck verftandt in een man van lagen ftaet*
*foo veel mee verfcheelt, als een kleyn Slonsjen,*
*maer vol lichts, dat men in de handt moet*
*nemen, om fijn fcheenen niet te ftooten tegen*
*fulcke onnutte ballasten, die braef en rijcke-*
*lijck toonen foo langh het dagh is, maer in*
*den nacht, dat is in den noodt, als men raedt*
*en licht van doen heeft, doen fy niet 't geen*
*fy fchijnen te belooven, en daer fy om ge-*
*maeckt zijn.*

Op Pl. I. van het derde Schok ftaat een
groeijende mastboom.

Opfchrift:

> Daer werdt geen Sam
> Verheven in zijn landt;

Onderfchrift:

Wie dat uytmunten wil doorluchtigh en vermaert,
Die foeckt fijn avontuer, en laet fijn eygen haert.

Verklaring:

*Daer de Masten wasfen, en acht men die*

G                              *niet*

*niet foo veel, noch men verwondert fich (door
de gewoonte) niet van hun hooge fteyle recht-
heydt. Maer foo men die vervoert op andere
plaetfen daer men fe weet te gebruycken, zijn
fy veel geldts waardigh. Men fal gemeenlijck
fien, dat Mannen van uytmuntendt verftandt,
geleertheydt of konst, een Toorts, ja een Son
in andere Landen, en nauwelijcks een kleyn
Lampjen in haer eygen Vaderlandt geacht zijn.*

(9) Bl. 13.

Van dit keurig Dichtſtuk zoude ik gaarne
breede berigten willen geven. Het is te vinden in een boekje in breed 8vo, getiteld:
*Minnekunſt, Minnedichten, Mengeldichten.
Te Amſterdam, by DIRK PIETERS VOS-
KUYL, 1622.* (*) Wie de Dichter zij, is mij
niet gebleken; dan het was een *Amſterdammer,*
die om dezen tijd de Hoogefchool had verlaten, en die bekend was met de voornaamſte
Mannen van zijnen tijd, blijkens de *Mengeldichten,* waarin vele dichtſtukjes zijn, voor de
Stam-

<hr/>

(*) Bij een' tweeden druk, 1626, is hetzelve getiteld: *Minnekunst, Minnebaet, Minnedichten, Mengeldichten.* Vele van de
laatſte zijn hierbij weggelaten, en de Opdragt aan ANNA is
hier bij geplaatst met het opfchrift: *Hollandtſche Bottigheyts
Verdediging, aen* ANNA ROEMER VISSCHERS.

Stamboeken van dezen gefchikt. Er zijn ver‑
ders fchoone vertalingen bij uit ANACREON,
HORATIUS, enz.

De *Minnekunst* is naar OVIDIUS, doch naar
de Hollandfche zeden gerigt. De *Minnedich‑*
*ten* zijn insgelijks zeer kiesch, ja veel kiefcher
dan men bij de meeste zijner tijdgenooten vindt.
Voor de *Mengeldichten* ftaat het volgend *Eer‑*
*dicht*, *gefonden aen* ANNA ROEMERS:

Wanneer ick leef", ó Maeght, uw deftigh-foet Ghedicht;
    Waer door ick te gelijck vermaeckt word en geſticht,
En als ick fie uw geest, met duyfent aerdigheden
Op 't fachte doek gemaelt, in 't harde glas gefneden,
    Befluyt ick een van drien; Of dat men heeft ons landt
    Hier voren, buyten fchult, een fchandtvleck aen ghebrandt,
Wanneer men 't heeft bericht, van onbequaem te wefen
Om yet te brenghen voort dat waerdt fou zijn gheprefen;
    En als men hielt voor vast, dat wie uyt Hollandt fproot,
    Moest wefen plomp en lomp, van alle gheest ontbloot:
Of dat (ghelijck hier niets beftendighs is te hopen)
De kunften by verloop van tyden oock verlopen,
    En fo een yeder volck fijn beurt eens hebben moet;
    De Hemel defe beurt ons nu beleven doet:
Of wel dat ghy (ó prael der prachtighe verftanden!)
Een eene Phœnix zijt van onfe Nederlanden,
    En dat Natuur in u een wonder heeft ghewracht,
    Tot blijck van haer noch niet gantsch uyt-gheteelde kracht

G 2        Doch

Doch als ick 't wel befin, en recht gae over-weghen,
Befluyt ick 't al in al, en gheen de waerheydt teghen.
   Want fo by yeder volck een redelijck verftant
   En Goddelijcke ziel den mensch wort ingheplant,
Die, even als papier dat noch is onbefchreven,
Alfulcken wefen krijght als haer de Meesters gheven:
   En fo de Hemel, recht ghelijck hy 't al omgort,
   Sijn gaven over al oock mildelijck uytftort,
Wie fal dan, fo hy niet de reden uyt wil bijten,
't Vernufts ghebreck het landt en niet de luyden wijten?
   Bœotiën, hoe wel 't wiert eertijts bot gheacht,
   Heeft PINDARUS nochtans ghequeeckt en voort-ghebracht,
Die met fijn fchrandre geest, en net-ghewrochte dichten,
Het gantfche Griecken-landt erkent wort voor te lichten.
   En wat de Werelt fchrolt, en hoefe Hollandt fcheldt,
   Noch vindfe niemandt die fy voor ERASMUS fteldt.
ERASMUS, eer fijns eeuws, in Hollands fchoot gheboren,
Die ons te voorfchijn bracht de Mufen lang verloren.
   Dat oock de kunften gaen van 't een tot 't ander volck,
   Leert d'ondervinding felfs, en hoeft gheen ander tolck.
Het rijck Egyptenlandt, waer met fijn feven vloeden
De wonderlijcke Nijl fich na de zee komt fpoeden,
   Heeft voor de wijsheydt eerst een hooghe-fchool bereydt,
   Die daer van daen te mets haer vorder heeft verfpreydt
Door Sidon, door Chaldeen, door Perfen, en door Meden,
Tot daer de morghen-Son gaet op fijn waghen treden:
   Van 't Oosten is fe weer nae 't Westen toe ghedaelt,
   En heeft in Griecken-landt haer adem wat ghehaelt,

AL

Alwaerfe foo ghequeeckt en foo wiert onderhouwen,
Dat fy een vaste ftoel daer fcheen te willen bouwen;
 Ghetuyghe fy hier van fo menigh aerdigh Geest,
 Wiens werck men alle daegs in Griekfche fpraek noch leest.
Ons Hollandt was toen woest, en woester noch de luyden;
Nu is de kans ghekeert, en Griecken is op huyden
 Dat eertijds Hollandt was, en Hollandt heeft al 't gheen
 Dat Griecken in die Eeuw haer felfs fchreef toe alleen.
't Is waer dan, dat ons landt, niet min als andre landen,
Een Voedfter-vrouw kan zijn van aerdighe verftanden,
 En dat het ons ontbrack hier voren, niet fo feer
 Aen oordeel en vernuft, als onderwijs en leer:
't Is waer oock, dat die uur is eyndelijck ghekomen,
Dat kunst en wijsheydt hier haer woonplaets heeft ghenomen:
 Doch alderwaerst is dit, dat ghy, ô ANNA! zijt
 Een Phœnix van uw landt, een wonder van uw tijdt.
Want of wel nevens u, de wijd beroemde namen
Van HUYGENS, HOOFT, DE GROOT, de Griecken felfs befchamen,
 So zijt ghy niet-te-min de eene Maeght alleen
 Die Hollandt heeft ghefien den Helicon betreen;
Die in verftandt de Mans, in handtwerck tart de Vrouwen,
En u van alle-bey doet voor verwinfter houwen;
 Die al, wat leerbaer is, te leeren hebt begheert,
 En tot verwondrens toe, in alles zijt volleert.
Roem van onf' Eeuw! by wie fal ick u verghelijcken?
Sal 't SAPPHO zijn? ô neen; die moet ver voor u wijcken,
 Want hadfe fchoon uw geest, fy had niet uwe handt,
 Die u gheen minder lof verkrijght als uw verftandt.

G 3

Sal

Sal 't dan ARACHNE zijn, die wel fo trots van herten
Op hare naey-kunst was, dat fy dorst PALLAS terten?
  Neen; defe noch veel min het by u halen ken,
  Want had fy uwe naelt, fy had niet uwe pen.
Wel aen, begaefde Maeght, laet uwe wyfe Dichten,
So wel als uwe kunst, voor al de wereld lichten:
  Op dat, fo wiefe lees', u oordeel, 't eenigh een,
  Een yeder onghelijck, fich felfs ghelijck alleen.


(10) Bl. 13.

Dit bleek mij uit een liedeboekje van dien
tijd, getiteld: *Het Hollandsch en Zeeuwsch
Nachtegaeltje*, waarvan mij de 9de druk, *Amfterdam* 1633, ter hand kwam. Het lied, aldaar gevonden, is, als doelende misfchien op
bijzondere zaken, minder merkwaardig. — Ook
vond ik deze fpreuk onder twee op noten geftelde liedjes, die achter het boekje, waartoe
de volgende aanteekening betrekkelijk is, worden gevonden. Deze zijn niet onaardig, en
geheel in den ftijl van ANNA,


(11) Bl. 13.

Dit zeldzaam boekje is getiteld: *De Roemfter van den Aemftel, off Poëtifche Befchry-
yinghe van de Riviere Aemftel, met verklae-
ringhe van eenige duyftere woorden. T'Aem-
                                                fteI-*

*ſteldam voor* CORNELIS WILLEMSZ. BLAU-
LAKEN, *Boeck-verkooper in de St. Jans
ſtraet in het gulde A. B. C.* Ik vond wel den
naam van ANNA ROEMERS alleen op den rug
van het bandje geſpeld; dan, behalve dat ik
veel vertrouwen voed op de kunde van den
vorigen zoo wel als den tegenwoordigen be-
zitter, is bij mij weinig twijfel voor de verze-
kering, dat dit het werk van onze Dichteres
zoude zijn, overgebleven.

Het is ontegenſprekelijk, hoe zeer zonder
jaartal, in de eerſte helft der zeventiende eeuwe uitgegeven, en waarſchijnlijk tuſchen de
jaren 1614 en 1638, vermits de Zuiderkerks
toren op het fraai titelprintje is afgebeeld, en
die van de Westerkerk niet. 't Is het werk
van eene maagd, die ANNA heette, blijkens
een versje: *Tot Momum.* (Aan Momus.)

> Ghy, ſpotter! hart ghebeckt,
> Die doch met yder geckt,
> Wat ſult ghy hier bejaghen?
> Het is een maaght die prijst;
> Een vrouw men eer bewijst;
> Wie ſal uw ſchimpen draghen?

> Noyt ALEXANDER wou
> Hier voormaals met een' vrou

of

Of de Amazones ſtryden;
Want hoe het ging of niet,
Geen voordeel, maar verdriet
Stondt hem daar af te lijden,

Hetzelfde ghy verwacht,
O ſpotter! die veracht
Het geen de maaghden ſinghen;
Men ſal u tot een loon
Van diſtelen een kroon
Om 't ſmalig hooft gaan wringen,

Ghy, die hier ANNA hoort
Op d' *Aemſtels* groene boord
Dit waterdeuntjen queelen,
Ay leert haar waarſe miſt,
Of waarſe haar vergiſt
Wilt dat goedgunſtig heelen.

De blijken van belangſtelling in HOOFT en
SPIEGEL, door de Hofſtede *Meerhuyſen* van
den laatſten te gedenken, doen mij te eerder
dit werk aan ANNA toeſchrijven; dan met dit
alles houd ik het voor eene van hare eerſte
lettervruchten; zij noemt het ook ergens de
voorloopſter van grooter werk over den *Aemſtel*. Het Dichtſtuk beſtaat uit een *Hymnus*
of Lofzang op de Rivier; deze is vier en
der-

dertig zijden groot, en dus te wijdloopig om
in te lasfchen. De ophelderingen van eenige
duistere woorden zijn, naar mijn inzien, van
een ander, en dragen meer blijken van goeden
wil om den lezer te helpen, dan van bekwaamheid; zij gelijken veel op de noten van MI-
NELLIUS; daar de ftijl met de eerfte Voorrede overeenkomt, zal de Uitgever CORNELIS
WILLEMSZ. BLAULAKEN hiervan waarfchijnlijk de maker zijn.


(12) Bl. 15.
Ook bij *Gefchiedfchrijvers* van vroegeren en
lateren tijd vindt men haar onder de geleerde
Vrouwen met lof vermeld. Zie, om van ande-
ren te zwijgen, *W. VAN GOUTHOEVEN,
Oude Chronycke en Historien van Holland*,
*'s Gravenhage* 1636, bl. 226. *BEVERWYCK,
Uytnementheyt des Vrouwelicken Geflachts*,
bl. 160 enz. *BALEN, Dordrecht*, bl. 1281.
*WAGENAAR, Historie van Amfterdam*,
D. III. bl. 205.

(13) Bl. 15.

## O D E

*Op de geboorte van onfe*
*Hollandtfche* SAPPHO,

# ANNA ROEMERS.

Als 't heyligh Noodgeheym wat zeldfaems ons wou jonnen,
En faligen onfe eeuw, toen quam in 't licht der fonnen
  Dees kunstrijcke ANNA, wien de hemel had befint.
Soo haest de Goden en Godinnen dit vernamen,
Sy met de Mufen uyt haer hooge fetels quamen
  Om te begroeten, en te fegenen het kint.

Sy lagh in 's Voedfters fchoot, en floegh de teed're lichten
Op d'ommeftaenden Rey van blinckende aengefichten:
  Een heyl'ge glans, foo't fcheen, fweefde om haer edel breyn.
De Rey der Hemel-lien fchiep een te fonderlingen
Genoegen, en beftond eenftemmighlijck te fingen,
  En heyl te wenfchen 't kind dat meer was als gemeyn.

Groei, fongen fy, en bloei, ontluyck, ô bloem der bloemen!
O roem van uwen tijd, daer ROEMER op mach roemen!
  Eer van uws Vaders huys en pronck van uwe ftadt!
Gedurende de lent' van uwe onnoofle jaren,
Moet u noch leet, noch ramp, noch onfpoed wedervaren,
  Dien d'Hemel opgeleyd heeft als een weerde fchat.

De

De tijdt genaeckt, dat, om den lof-krans te bejagen,
Ghy noch ARACHNE met uw naeldwerck uyt fult dagen:
 Nature met 't pinceel, graef-ijfer, kole, en krijt:
POLYMNIA met fangh : ERATO met uw fnaren:
De Schrijvers met uw pen, die in elck een fal baren
 Verwonderingh, als ghy der Schrijv'ren Phœnix zijt.

Der kunst-bemind'ren oogh fal gaen de muren vryen,
Die rijck'lijck zijn bekleed met uwe fchilderyen :
 De Spiegel-glafen, die te çierlijck zijn vermaelt:
De Boecken geftoffeert met duyfenderley dingen,
Vol kunst, vol printen en verfcheyde teeckeningen :
 De zijde ftoffen, die geziolt zijn van uw maeld.

Maer dit fal 't minfte zijn, wanneer de Faem fal loven
Uw' rijm en proze, dat fijn ziel ontfingh van boven ;
 Als GROTIUS verftomt; als CATS verbaast toekijckt;
Als HOOFT verwondert ftaet ; als HEYNS met fijnen SCHRIJVER
Uw gulde Veerfen leest, en d'een uyt grooten ijver
 By PALLAS, d'ander u by SAPPHO vergelijckt:

Wanneer ghy met uw dicht verdient de lauwerbladers,
En çiert de *Poppen*, en uytbeeldingen uws Vaders,
 Die u in wijsheydts School van jonghs heeft opgequeeckt,
Wie dan uw Spreucken, en uw Rijmen komt t'erkouwen,
Sal roepen:dit's geen maeghd,nochvan't geflachtderVrouwen,
 't Is MARO die hier finght, 't is CATO die hier fpreeckt.

Was

Was op, geluckigh kind! was op in goede zeden!
Die van 't verwond'ren noch fult worden aengebeden,
  Vermits uw oordeel, en uytftekende verftant:
Was op, geluckigh kind! çieraet van uwe tijden!
De Hemel u befchut' voor al die u benijden:
  Was tot een wonder van het prachtigh Nederlandt.

Soo eyndighde de groet, en fegeningh der Goden,
Die haer gefchencken mild de jonge vrucht aenboden,
  En met een hemelsch fppock verdwenen uyt 't geficht;
De fpruyt nam toe, en hoe fy meer beftond te bloeyen,
Te meer de wijsheydt met haer jaren fcheen te groeyen;
  En 't geen eerft minder was, dat wierd een grooter licht.

Ten langen lesten moet de nijd nu felf belyen,
Dat in haer zijn vervult der Goden prophecyen,
  Dat 's Hemels fchatten zijn te recht aen haer befteed.
Geestrijcke Jonckvrouwe, ô wat fullen wy u wyen!
De Nymphen van ons Y haer in uwe eer verblyen,
  En ftaen tot uwen dienst wilveerdigh en bereed.

Maer, uytgelefen Maeghd! vermits der grooten gunften,
En 's levens ijdelheydt verdwijnt met alle kunften;
  Vergaep u niet aen 't geen dat fchielijck fal vergaen;
Wil met uw fchrand'ren geest niet hier beneden marren,
Maer altijt hooger gaen, en fweven na de ftarren,
  En Hemelwaerts 't geficht als een SIBYLLA flaen.(*)

(*) Poëzij, Deel I. bl. 287. VAN BEVERWYCK, Uitnemendheid der Vrouwen, bl. 161. Voor den tweeden druk der Zinnepoppen, enz.

(14) Bl. 15.

*Aen de eerbare en konst-rijcke*

*Jonckvrouw*

# ANNA ROEMER VISSCHERS.

Godin, die by den ftroom des Amftels zijt geboren,
Van PHŒBUS feer bemint, van PALLAS uytverkoreh,
   Geboren als ick meen, en menigh man gelooft,
   Niet uyt uws moeders fchoot, maer uyt uws vaders hooft:
MINERVA van ons lant, en tiende van de negen
Die PEGASUS beftort met fijnen foeten regen,
   Of alle tien alleen: de vierde van de dry
   Die VENUS gade flaen, en dansfen aen haer zy.
Het zy dat ghy met gout een aerdigh werck wilt weven,
En fticken met koleur, ARACHNE moet het geven;
   Het zy dat ghy den draet gaet nemen en de naelt,
   Het fchijnt dat ghy met krijt of met koleuren maelt.
Laet komen het pinceel, APELLES fal befwijcken;
Neemt kolen uyt het vier, PROTOGENES fal wijcken,
   En geven u den prijs; maer meest de diamant,
   Om dat hy weerdigh is, past in uw' weerde hant,
Die treckt al wat ghy wilt, en fchijnt op u te wachten,
Als flaef van uwen geest en vliegende gedachten;
   De Son, de fchoone Maen, al watter is of was,
   Of yewers wefen kan, dat ftelt hy in gelas,

Wat

Wat THALES heeft bedocht, PYTHAGORAS gefwegen,
En SOCRATES gefeyt, en al de wijfe plegen
  Te fchrijven op papier, en prijfen aldermeest
  Als noodigh voor den mensch, dat fchildert ghy nu eest
Of treckt het met de pen. De deught die wort gewefen,
En metter hant gevoelt, en niet alleen gelefen,
  Het zy dat ghyfe fet op lijnen of op doeck,
  Of als de mannen doen, maeckt een verftandigh boeck.
Het felve plagh te doen het volck dat aen de ftroomen
Van Nilus heeft gewoont, fy fchilderden met boomen
  En dieren alderley, fy gaven door een plant
  Te kennen haren fin en innelick verftant.
Als ghy geboren wert, MINERVA quam beneden
Van haren hemel hoogh met ERATO getreden,
  En loegen u eens toe. TERPSICHORE die nam
  Het kint in haren fchoot, en VENUS gaf 't de mam.
CUPIDO wieghde felf, en gaf u vast te raken
Sijn pijlen en fijn boogh, wanneer ghy quaemt te waken,
  Gelijck de kinders doen; daer van en hebt ghy niet
  Gehouden, dan dat ghy noch alle dage fchiet
Met oogen vol venijns. Maer als de teere jaren
Der kintsheyt onbevroet bynae ten ende waren,
  Doe quam URANIE, die bracht een groote fles
  Uyt Castalis de beeck, en leerd' het kint fijn les.
Het fpinnewiel, de fpil, en is niet dan voor finnen
Die trecken naer het graf, en anders niet beminnen
  Dan tijdelicken loon; niet die door eer en lof
  Verheffen haren geest, en vliegen uyt het ftof.

                                   De

De hemel was uw boeck; ghy laest fijn goude noten,
De letters van de nacht, daer met hy ftaet begoten,
  En kendet al fijn volck; wat dat ORION doet
  Geteyckent aen fijn hooft, maer meest aen fijnen voet,
Al loopend' in de locht, en toonende fijn hielen;
Waerom dat CEPHEUS ftaet, en HERCULES moet knielen;
  Wat fterren dat hy draeght noch boven op fijn huyt;
  Waer al de teyckens ftaen van PERSEUS eu fijn bruyt,
Waer dat de Jonckvrou ftaet, die van ons is getogen
Door onfen handel flim, en oppewaert gevlogen,
  Die ghy gefelfchap hielt, oock wonend' in de locht,
  En ARIADNES kroon, die ghy wel dragen mocht.
Dan faeght ghy naer den wegh, niet daer de Goden wonen,
Die verder van ons zijn, maer hare vrome fonen,
  En dochters, door haer deught; de klare wegh, deweick
  Nu noch gefprickelt is van JUNOOS witte melck;
Daer ghy noch wonen fult, ten zy dat ghy wilt wefen
Wat naeder aen de lier van PHŒBUS felf geprefen
  En in de locht geplant, alwaer men haer fiet ftaen
  Dicht aen de feven-fter, niet verre van de Maen.
Dit was al uwen luft, de menfchen te verlaten,
En het gemeyne volck met fijnen luft te haten,
  Die altijt hangen aen het aertrijck, ende niet
  Het gene dat alleen de Hemel in ons giet.
De geest, die vlieght om hoogh, is van gelijcken aerde
Gelijck het heete vier; klimt altijt van fijn aerde,
  En gaet van daer hy komt; hy weet dat al het gout
  Dat onfe finnen treckt, daer Amfterdam op bout,

                                          Niet

Niet anders is als flijck, dat eerstmael is begraven,'
En zijnde los gemaeckt, ons felve maeckt fijn flaven,
  Krijght fijnen glans van ons, en fijne fuyverheyt,
  Ja felve fijnen prijs van onfe fottigheyt.
O groot, ô manlick hert, en weerdigh niet te leven
Daer fich de menfchen maer tot ydel goet begeven,
  Maer daer uw fusters zijn, of daer MINERVA leeft,
  Die by Tritonis vloet altijt haer woonplaets heeft.
O fter, ô hemels kint, van wonderlicke ftamme,
Vol geest, vol locht, vol vier, vol Goddelicke vlamme,
  Gemaeckt tot fpijt van ons, en boven alle wensch,
  In vrouwelicken fchijn fchier meerder als een mensch.
Had PHŒBUS u gefien, fijn DAPHNE fou noch leven,
Of ghy fout felve zijn dat haer nu is gegeven,
  De kroone van fijn hooft; maer feker ick en kan
  Niet dencken of hy wenscht te wefen uwen man;
Te wetten uw verftant met hemelfche gedachten,
Met Goddelicken praet, en met geleerde nachten,
  Met hooge wetenfchap, en redenen van al
  Wat in de werelt is en nae ons komen fal;
Wat dat de koude nacht des winters doet vertragen,
Des fomers wederom doet wackeren de dagen;
  Wat dat de groote zee doet komen ende gaen,
  Den hemel loopen om, het aertrijck ftille ftaen,
Het water in de locht gelijckelick doet wegen,
Soo dat het niet en valt; wat ons den foeten regen,
  Den kouden hagel maeckt, de mane van ons weert,
  En wat dat feggen wil de fterre met de fteert.
                                 Die

Die dan APOLLO waer, die foud' hem konnen lijden,
En foude JUPITER fijn JUNO niet benijden,
Al hout fy aen den dis altijt den hooghften kant,
En draeght den blixem felf wel dickwils in haer hant. (*)

## (15) Bl. 15.

Deze zeldzame druk is mij door de heusch‑
heid van den Heer Mr. T. VAN LIMBURG ter
hand gekomen. Dezelve is zonder jaartal, in
breed 12mo, en is voorzien met zeer fchoone
prentjes, naar welke naderhand de grootere platen
in de latere uitgaven van de werken van CATS
vervaardigd zijn. Deze platen zijn naderhand niet
in de *Maagdepligten*, maar in de *Minne‑ en
Zinnebeelden*, en in den *Spiegel van den ou‑
den en nieuwen tijd* gebruikt, en door den
Dichter met andere op‑ en bij‑fchriften voorzien.
In dit boekje ftaat vooraan het *Maagdewapen*,
doch geheel anders dan in de meer bekende
uitgaven, zijnde hier alleen de druivetros uit
het Vrijsterwapen, en hierop volgt de Opdragt
aan ANNA. Ik heb het laatfte gedeelte van
dezelve in twee brokken in de Redevoering
ingevlochten, en meen nu ook het eerfte ge‑
deelte te moeten geven. Het is te zamen een
ge‑

(*) *Nederduitfche Poëmata*, bl. 144. VAN BEVERWYCK,
*Uitnemendheid der Vrouwen*, bl. 176.

H

geheel, en men zal de uitgeftrektheid, uit
liefde voor Vader CATS, wel verfchoonen.

*Aen de eerbare, achtbare, constrijcke*

*Jonck-vrou*

# ANNA ROEMERS.

De Hemel heeft ghebaert; van daer is afghecomen
Een Dier, een heerlijck Dier, dat wy een Menfche noemen;
. Een Dier, der dieren vorst; een wonderbaer ghebou,
Wiens hooch-verheven geest fweeft over man en vrou.
Wat roept men overal, het moet, het fal hem rouwen,
Die yet meer drucken wil in 't losfe breyn der Vrouwen
Als flechtelijck de naeld te paren met den draet,
Of hoe men met de fpil en fpinrock ommegaet?
Wat roept men overal, dat aen het Vrou-geflachte
Gheleertheyt veeltijts brenght verkeertheyt in 't gedachte?
Wat roept men overal, dat Maechden wijs en clouck
Bevlecken in 't ghemeen den maegdelijcken douck?
Com, feg my doch, waerom en fal een Maecht niet vatten,
So wel als ghy of ick, van wetenfchap de fchatten?
Is dan het Manne-volck fo hooch en clouck van aert,
Dat al de wijsheyt fit ghedoken in den baert?
Woont al des werelts geest juyst in den geest der Mannen?
En is dit geestich volck van geestigheyt verbannen?
Wat maeckt men ons al wijs! ghewis, dit aerdich dier
Heeft, ruym fo diep als wy, fijn deel in 's hemels vier.

Wie

Wie heeft er oyt ghehoort, dat dwaesheyt wast door reden?
Of dat de weerde Deucht verflimt des menschen zeden?
  Wie heeft er oyt ghehoort, dat wijsheyt brengt ten val?
  Swijg ftil, verkeerde hoop: 't en fluyt doch niet met al.
Wel aen nu, wie ghy zijt, doorfnuffelt al de Maechden,
Die oyt den fnellen loop van PEGASUS na-jaechden;
  Hoe dat ghy 't heft of legt, hoe veel ghy foect of leest;
  Geen isfer oyt gheleert, en geyl met een gheweest.
Ghy brengt my SAPPHO voort : maer SAPPHO, wiens gedichte
Noch huyden is bekent, is niet geweest de lichte,
  Die PHAON, VENUS wicht, oneerlijck heeft bemint,
  Maer een, die tucht en eer ten hooghften hadt befint.
Dan neemt dat ghy misfchien of dees' of geen mocht weten;
Die, door der mannen list, haer felven had vergeten;
  Daer tegens wederom ftel ick een grooter fchaer
  Van Maechden, wel gheleert, en niet te min eerbaer.
Wie fal ick noemen eerst? U THEIA, wiens gedichten
Noyt voor den hooghen fang HOMERI wilden fwichten,
  Een Maecht nau twintich jaer, als u de bleecke doot
  Ginck leyden, metter haest, na CHARONS fwarten boot?
SULPITIA, van u mach 't Vrou-geflacht wel roemen;
Want MARTIALIS zelf derf u wel *heylich* noemen;
  Al is hy een trouwant van VENUS dertel hof,
  Noch uyt een vuylen mont perst reynigheyt haer lof.
CLEOBULINE, coom, u moet men hier oock prijfen;
CLEOBULI geflacht, een van de feven wijfen;
  Na dat u fynen naem en deucht uw vader gaf,
  Droegt ghy uw maechdom mee, maer niet uw lof in 't graf.

Sal onder dees'. uw fpruyt PITAGORA niet wefen,
Die nae haer vaders doot in fijne School quam lefen,
   En ftaende op fijnen ftoel , ginck brengen aen den dach
   Wat THALES heeft bedacht, en PLATO fchrijven mach?
Denckt offer nu een Maecht vol fchoonheyt, deucht en eeren,
Hier in een Hooge-fchool de jeucht beftont te leeren,
   En deed' aldaer haer lefs, en met een foeten mont
   Van const en hooghe leer ontfloot den rechten gront,
Wat fy het hoogfte goet, hoe dat men in moet binden
De tochten des gemoets; of wat de fnelle winden,
   En fneeuw, en hagel baert; waer af het aertrijck beeft;
   Waerom de zee haer ftroom by beurten neemt en geeft.
Wat toeloop fouder zijn om fulcken lefs' te hooren?
Die ftem foud' aen de jeucht vry dieper gaen in d'ooren,
   Dan offer ergens fat een Grimmert, 't hooft gefronst,
   Neuswys en, fo hy meynt, groot-vader van de const.
Een Grimmert, ruych ghebaert, die, door een hevich crijten,
Doet daveren de fchool, en dwingt de lucht tot fplijten,
   Spreeckt even als een Prins, en hout het voor ghewis,
   En dat fijn woort een wet, fijn plack een rijckftaf is.
De cleyne Borgery zit in gheftadich beven;
De vreefe neemt haer meer, als neerftigheyt can gheven.
   Maer facht wat, mijn vernuft! 't is wat te verr' ghegaen,
   Uw rad glijt buyten fpoor, kies weer de rechte baen.
PHENOMONÉ, van u moet ick al mee vermelden,
O vindfter van 't gedicht, bequaem tot lof der Helden!
   CORINNA, geeftich Dier! ghy dient hier oock ghetelt,
   Ghy wert in Grieckfchen rijm voor PINDARUS gheftelt.
                                                Men

Men zie verders bl. 16, 17 der Redevoering.
Waarom van dit vers in de latere drukken
van CATS werken geene melding zij, is mij
duister gebleven. Dat ANNA een aanzienlijk
deel had in de zamenftelling van het werkje:
*de Maagdepligten*, was echter geenszins onbekend. In de Opdragt door ZACHARIAS
HEYNS van zijne *Zinnebeelden* aan de Over-
ijsfelfche meisjes vond ik:

De Zeeuwfche zijn bedacht en ftichtelijk verlicht
Door d'Hooggeleerde CATS in zijnen Maagdenpligt,
Doch onder het beftuur van ANNA ROEMERS handen,
Die wel te regt men noemt de Mufa dezer Landen.

Zij deelde ook bijzonder in den lof, aan
CATS door verfcheidene Poëten bij de eerfte
uitgaaf toegezwaaid; onder deze Lofdichten
munt bijzonder uit een vers van L. PEUTEMANS.

(16) Bl. 19.
*Majeboom.* Vermits deze letterkundige aardigheid meer betrekking heeft tot de beide
Zusters, dan tot HOOFT, deel ik beide versjes hier nog eens mede. HOOFT zond, volgens de gewoonte van dien tijd, aan haar, na
het vertrek van *Muiden* in 1621, een' Maje-

H 3                                        boom,

boom, en liet dezen zeggen: (*Zie Mengel-werk*, bl. 753.)

> ORPHEUS met zijn stem en vinger
> Maakte eertijds de boomen voeten,
> Dat zy by gekroonde stoeten
> Liepen naar den zoeten zinger,
> Is 't dan vreemd dat ik verslinger
>     Op uw speelen,
>     Op uw queelen,
> En loop achter aan uw keelen?
>   Ik ben van het zelfde volk,
>   En was hy der Goden tolk,
> Gy zijt speelnoots van Godinnen,
> En indien THALIE haar sinnen
>     Eens tot trouwen zet, zult gy
>     Elleck zitten aan een zy.

Deze Majeboom geraakte ongelukkig over-boord, en derhalve zond HOOFT met den Brief N°. 97 het volgend versje over, hetwelk door mij in HOOFTS handschriften gevonden is. Hier zegt de boom aan den vinder:

> Hier kom ik Majeboom
> Gedreven van den stroom,
> Om dat ik Visscherinnen
> Haar sang voor Mereminnen

Ver-

Verkoor.  My fmeten deez'
In 't hart des Zuiderzee's,
Daar ik heb moeten fterven
En foo lang moeten zwerven,
Om te verzaén haar nijdt,
Dat ik mijn bloem ben kwijt.
Maar ik heb nog mijn dooren
In plaatze van 't fpeelkooren;
Rijgt hieraan bloemen fris,
Daar 't nu de tijdt van is,
Ten zy gy zijt een dovert,
Dien zang noch fpel betovert,
En plant my op haar wal;
Ik zal door 't foet gefchal
Der lieve Visfcherinnen
Een ander leven winnen.

(17) Bl. 19.

Het beste dichtftukje heb ik in de Redevoering ingevlochten.  Er is nog een klinkdicht
ter dankzegging *voor eene looze perruik*, door
haar voor HOOFT vervaardigd; een zeldzaam
bewijs zeker van de groote verandering in gebruiken en in jufferlijke handwerken, en een
nieuw duidelijk bewijs, dat men destijds met
het woord *perruik* het eigen en natuurlijk
hoofdhaar bedoelde. Zie *Mengelwerk*, bl. 672.
Op bl. 696 is een aardig graffchrift voor haar,

H 4                                    toen

toen *zij*, kort na haar huwelijk in *de Zijp* zijnde, als levendig begraven fcheen. Uit HOOFTS handfchriften bleek mij, dat de zang, beginnende: *Voogdesfe der Gemoeden*, (*Men-gelwerk*, bl. 656.) ook aan haar gerigt was.

(18) Bl. 19.

Zie HOOFTS *Brieven*, Nᵇ. 97. Hieruit blijkt, dat beide Zusters de Zamenfpraken van LUCIA-NUS destijds beoefenden.

(19) Bl. 19.

HOOFTS 98ˢᵗᵉ Brief loopt over een devies, aangaande hetwelk een gefprek had plaats ge-had. Hij zegt verder: *Wie zoude waagen yets te hervatten, dat in de vierfchaar van UE. gezuivert vernuft heeft te recht geftaan, ende zich aan die gerustheidt niet laaten genoegen? gelijk ik vrees aldaar yet te doen verfchij-nen, alzoo verblijde my, als 't gevaar over ende de proef gedaan is. Ende oft reden oft hartstogt, die UE. hebbe doen oordeelen, en kan niet anders als eere doen aan de geene die 't vonnis voor hem heeft. Gemerkt de roem gebonden is aan UE. uitfpraak, in veu-gen als 't noodtlot aan de woorden JUPIJNS, daar de Poëet af zeidt:*

On-

Onwikkelijk gewigt fteekt in zijn woordt beklemt,
En 't noodtlot past op al het geene dat hy ftemt.

*Vreezen mag hy dan die een fcherpe recht-*
*fter aan UE. vindt: ende ik wel hoopen dien*
*last t'ontgaan, door UE. goede gunfte.*

(20) Bl. 20.

HOOFT had een klinkdicht gemaakt ter eere
van HUYGENS. Dezen had dien lof afge-
wend, en teruggekaatst op HOOFT, in een
klinkdicht op gelijke rijmklanken. Dit gaf
aanleiding, dat beide den bal nog eens aan
elkander toefloegen, en dat ANNA, TESSEL-
SCHADE, J. VAN BROSTERHUIZEN, J. VAN
ZOMEREN, en GEORG RATTALLER DOU-
BLET, zich in dit vriendelijk gefchil mengden,
en ook op dat rijm klinkdichten gaven. Deze
getuigen zoo wel van aller geestigheid en
dichtvermogen, als van genegenheid jegens
HOOFT en HUYGENS. Alle acht Klinkdichten
zijn bij HOOFT, *Mengelwerk*, bl. 673, en bij
HUYGENS, *Korenbloemen*; bl. 256.

(21) Bl. 20.

Van de dichtftukken van HUYGENS zijn er
twee aan de beide Zusters gerigt. Het een
H 5                                    is

is een brief, uit *Londen* in den jare 1622 gefchreven (*), en draagt bijzonder vele blijken
van genegenheid en hoogachting bij krachtige
loffpraak, doch is als dichtftuk zeer duister.
Het ander is het lijkdicht op den Vader (†),
waarin veel tot beider lof. Vooral wenscht
hij de Zusters geluk met de vriendfchap met
HOOFT, die haar fchadeloos konde en zoude
ftellen voor het geleden verlies.

Onder de Sneldichten is een niet onaardig
infchrift voor een boek, aan haar ten gefchenke
gezonden.

De Schrijver van dit Boeck, befchrijver van dit blad,
Bad ROEMERS oudfte kind fijn Leferin te wefen,
En foo fy 't fchrappen wil met een doorgaende klad,
Bekent hy voor de hand het vonnis wel gewefen.
Sijn voornaem is een C, fijn toenaem is een H,
Sijn bijnaem : *eeuwig Vriend van* ANNE *en* TESSELSCHAÊ. (§)

Het beste is, naar mijn inzigt, het Klinkdicht op de *Diamantftift*; weshalve ik het hier
laat volgen.

Ghy,

(*) HUYGENS, *Korenbloemen*, bl. 201.
(†) Ald. bl. 211.    (§) Ald. bl. 634.

Ghy, die den fnellen treck op het gelafen blad
Van 't VISSCHERS meiskenshand fiet flingeren en wenden,
En naulijck mercken kont, waer 't ende fal belenden,
   En van foo vremden werck de reden niet en vat.

Hoort watter onder fchuylt: de penne die fy hadd'
En over 's roemers ijs foo wonderbaerlijck mende,
(Dit's een veranderingh die NASO niet en kende)
   Was een bevrofen drop van Hippocrenes nat.

Gaet, vreemdelingh! veracht ons koude Noorderlanden,
By 't heete vruchtbaer fand van uw verfenghde ftranden;
   Befchuldigh onfen vorst van luttel vruchts of geen:
Heeft *China*, heeft *Peru*, heeft *Indien* vernomen
Uyt fijnen warmen fchoot te wefen voortgekomen
   Oyt kostelicker nat, oyt konftelicker fteen? (*)

(22) Bl. 21.

Dit dichtftuk heb ik na het uitfpreken der
Redevoering gevonden, bij den 5den druk van
DE GROOTS *Bewijs voor de waarheid van den
Christelijken Godsdienst*, bij EVERT VIS-
SCHER, *Amfterdam* 1728; het luidt:

                   *Aen*

(*) HUYGENS, *Korenbloemen*, bl. 262.

*Aen den Hooghgeleerden Heere*

# HUGO DE GROOT,

*Nae zijne welgelukte Uitkomste 1621.*

So aengenaem is ons de Zon niet als zy neêr
  Haer ftraelen fchiet, nae langh bedompt en mottig weer;
So aengenaem komt ons geen ftroockend wintje teégen,
Als wy onlustig fwoel met hitte zijn verleegen;·
  So aengenaem is aen geen Hert, nae lange jaght,
Het water aen de beek; als my uw onverwacht'
En blijde uitkomfte was.   O licht van onze tijden!
Van duyzenden, die in uw luck'loos luck verblijden,
  Derf ik vermetelijk wel terten d'aldermeeft,
 Die in groot achtingh heeft uw Grooten naem en geest:
Jae, d'alderblijdfte lonk, die my 't geluk kan geeven,
Is, dat ik u noch eens magh fpreeken van mijn leeven.
  Waer tintelt nu uw glants? Waer ftraeit de fchoone Zon?
Daer Hollandts weecke oogh niet tegens zien en kon.
Helaes! wel verr' van ons. Een fchat van grooter waerde
Lagh onlanghs by geval vertreeden in der aerde,
  Daer Hollandt fchratfte in, maer met ESOPUS Haen
 Voor dierbaer diamant verkoos een gerftengraen.
Met dit Juweel mooght gy, ó Vranckrijck, nu vry proncken.
Het fchittert om end' om van wijsheyts heldre yoncken.
En Gy Heer Koningh, d'alderbraeffte Kóninghs Zoon,
Dits u een rijcke bagg' en paerel aen uw kroon;

                      Dat

Dat fulk een Phœnix, daer de waereldt af verwondert,
Wiens weergae mooglijck in geen duyzend jaer opdondert,
  Soekt heul aen u, jae koomt zigh geeven in uw handt,
  Ontvlucht de banden van zijn eygen Vaderlandt.
Maer fo de meeste reuck des pepers blijft beflooten,
Tot dat fe met geweldt aen ftucken wordt geftooten,
  En de kamille geeft of weinigh geurs, of geen,
  Tot datfe met den voet van iemandt werdt vertreén;
So gy, die tot een roem van Hollandt zijt gebooren,
Soudt nauw te vinden zijn, ten zy gy waert verlooren:
  't Is altijdt fo geweest, dat nimmermeer een Sant
  Verheven of geëerdt werdt in zijn eygen Landt.
Mijn hart jaeght in mijn borst, Ik kan den geest niet weeren,
Die my ten monde uitbarst, en my doet Propheteren:

        Dat ik op
        Hoogheydts top
        Zie geraeckt,
        Dien de nijdt
        En de fpijt
        Heeft gelaeckt.
        't Overvloed
        Van zijn fpoedt
        Sal geen endt
        Hebben by
        't Geen daer Hy
        Mee ont-rendt.
        Ook zijn eer
        Meer en meer

                Door

Door de Faem
Maekt vermaerdt
En verblaerdt
Zijnen Naem.
Als zijn lust
Soekt de rust
Van de doodt;
Zijn geflacht
Sal geacht
Worden GROOT.

De Heer Mr. T. VAN LIMBURG, eigenaar
zijnde van de Latijnfche overzetting door den
grooten man, en wel van deszelfs eigen handfchrift, heeft de vriendelijkheid gehad mij hetzelve 'te verleenen. Gaarne verfier ik deze Bij-
lagen met de plaatfing van dit dichtftuk; zoo
veel ik weet is hetzelve nimmer in druk uitgegeven.

## C A R M E N
## A N N Æ   V I S S C H E R Æ
### A D
## H U G O N E M   G R O T I U M.

*Non nobis nitidum gratius est jubar,*
*Cum fudo radios exferit aethere*
*Mundi fol oculus, post pluvios dies;*

Net

Nec flamen placidum laetius advenit
Spirantis Zephyri, cum nimius calor
Vires languidulis subtrahit artubus;
Nec fontis gelidi suavior est aqua
Cervo, qui celeres praecipiti fugâ
Evasit catulos, quam mihi nuntius
Is qui fata tui tristia carceris,
Mutata in melius, ruptaque vincula,
Cum vix ulla super spes foret, attulit.
O saecli et patriae maxima gloria,
Inter mille viros quos tua faustitas
Etsi infaustae juvat, provoco quemlibet
Nullus, Nullus erit, qui magis aestimet
Te mentisque tuae quod proprium est bonum .
Voti summa mei, quo melius nihil.
Jam divina queat ferre benignitas,
Haec est ut liceat te prius alloqui
Quam suprema oculos nox mihi clauserit
Ah nunc splendor ubi est; lumen ubi tuum?
Quo cessit Batavi fulgor Apollinis,
Quem recto nequiit cernere lumine
Tellus quae genuit? proh dolor et scelus
Longe, longe abiit. Nuper in angulo
Gaza ingens jacuit, squallida pulvere,
Quam damno proprio patria respuit,
Gallo illi similis, vel sapiens minus,
Cui magni pretii (fabula uti docet)
Prae granotritici sorduit unio,

                              Dum

*Dum terram digitis fcalperet impiger.*
*Credo fuscipient hoc decus inclytum*
*Clari Francigenae, quod fapientiae*
*Scintillas varias undique funditat.*
*At tu Rex populi, maxima maximi*
*Patris progenies, hunc diadematis*
*Ornatum egregium ne fuge regii.*
*En Phoenix tibi se jam dedit in manus*
*Qualem forte decem cernere faeculis*
*Orbi non dabitur: poscit opem tuam,*
*Ingratae fugiens vincula patriae.*
*Ut sese piperis latius exerit*
*Virtus cum teritur; ficut et Anthemis*
*Tum primum redolet cum premitur vagis*
*Calcantum pedibus; fic quoque jam tua,*
*O fidus Batavi conspicuum foli,*
*Laus non tanta foret tu nifi publicis*
*Fatis inferior quam fueras foris*
*Est verum vetus hoc, credite posteri,*
*Dictum, nemo fuis a popularibus*
*Virtutis pretium, quod meruit tulit.*
*Sed quid? plena Dei numine meas furit,*
*Pectusque insolitis motibus aestuat*
*Et lingua jubeor prodere condita*
*Parcarum tabulis fallere nesciis.*

    *Cerno veri praescia vates*
    *Quem livor edax, odiique malum*
    *Perdidit, alte nunc tergemini*

*Merito erectum ad culmen honoris.*

*Quin bona posthac nullas metas*

*Nullum rebus, statuet laetis*

*Fortuna modum: non ille tamen*

*Quantus, quantus poterit raras*

  *Quas circumfert*

*Animi dotes aequare favor.*

*Tum fama tubâ non falsiloquâ*

*Didet laudes haud morituras*

  *Qua terra pater*

*Post cum placidae requie mortis*

*Cupiet summum finire diem,*

*Seris olim postera saeclis*

*Soboles* MAGNUM *nomen habebit.*

Ik maak tevens geene zwarigheid, mij met de getuigenis van VOLLENHOVE aangaande deze twee verzen te vereenigen. Hij fchreef op 28 April 1679 aan G. BRANDT, bij het toezenden dezer gedichten: *Zie hier ANNA ROE-MERS gedicht, met eene vertalinge, die, nergens van hare gedachten en geestige vonden afwijkende, het werk ondertusfchen (het geen van weinige vertalers wordt vernomen) niet weinig verfiert, en zich zelven in eene andere tale doet overtreffen. Het tart in het Nederduitsch, mijns oordeels, (de netheid der*

I      *ta-*

*tale ter zijde gesteld, die naar de gelegen-*
*heid van dien tijd is) alle Dichteressen, die*
*ooit vermaart waren: maar zou in 't Latijn*
*mogen gesteld worden bij de kunst der door-*
*luchtigste mannen, ook zelfs van de aloudheid.*

(23) Bl. 21.

SIMON VAN BEAUMONT. Zie over dezen
mijn *Staatkundig Nederland*, D. I. bl. 68.
Zijne gedichten, getiteld *Horae succisivae*,
*Tijdsnipperingen*, zijn door zijnen jongsten
Zoon in 1640 uitgegeven., en verdienen, blijkens het medegedeelde in de Redevoering,
geenszins de vergetelheid, waartoe zij schijnen
vervallen te zijn. Zijne verzen zijn van zeer
gemengden aard; meerendeels zijn het *puntdichten* en *quinkslagen*, zoo wel in het Latijn
en Fransch, als Nederduitsch. Eene afdeeling
is er, alleen bestaande in *Minnedichten*, getiteld: *Jonckheyt*; deze zijn hier en daar vrij
dartel, en men stoot zich wel eens aan eene
min kiesche uitdrukking. Behalve de geplaatste
*Welkomstgroet*, zijn er nog drie versjes, op
deze reis doelende. BEAUMONT scheen te
twijfelen, of ANNA wel komen zoude; en
hierop schreef hij:

Jonck-

Jonckvrou wees niet bevreest voor onfe Zeeufche lucht,
't Is maer een yd'le waen èn ongegront gerucht,
Het lant is groen en versch, draecht vruchten eu goet coren,
Uyt 't foute water is Vrou VENUS felf geboren:
Het laffe platte foet wort overal gelaeckt,
En 't is altijt wat brack, dat wel en aerdich fmaeckt:
Het jong-volc comt fomtijts wat coortficheyt befoucken,
Maer 't comt meest van de wermt der doucken by de broucken;
Maer dit can u niet fchaen, die met een koele fin
Hebt altijt by de hant *goet raet tegen de min :*
Noch van CUPIDOOS toorts, noch coorts hebt ghy te duchten,
Hy fal niet min van u als van DIANA vluchten.

Een ander is niet minder van poëzij, en insgelijks te vinden *Zeeuwfche Nachtegael*, bl. 8;
ook is aldaar, bl. 9, nog een Sonnct. Hij
zond haar, ten tijde van haar verblijf, een
versje, waarin hij, die tegen haar op eene
fchaal was gewogen, naar de reden vraagt,
waarom zij zwaarder was, dan hij. Haar antwoord is aardig. Beide versjes zijn te vinden,
*Verfcheidene Gedichten*, 1653, bl. 18. *Zeeuwfche Nachtegael*, bl. 10. *Tijdfnipperingen.*
VAN BEVERWYCK, *Uytnementheyt* enz.,
bl. 160, 161.

Ware ik niet bevreesd eentoonig te zullen
worden, door te veel lofdichten op het zelfde

I 2                                    on-

onderwerp te geven, dan zoude ik zeker nog mededeelen dat van J. ROGIERS, alsmede dat van JOHANNA COOMANS, Echtgenoote van JOHAN VAN DER MEERSCHEN, Rentmeester van de Staten van *Zeeland*, Vriendin van CATS. Aangaande deze zijn breedvoerige berigten bij VAN BEVERWYCK, bl. 145 en 270. Verfcheidene gedichten van haar zijn aldaar te vinden; ook in de *Zeeuwfche Nachtegael.* Op bl. 1 is *het Wapenfchild voor de Jonghmans;* een tegenbeeld van het bekend Wapenfchild voor Maagden en Vrijsters, door J. CATS.

(24) Bl. 23.

De eerstgemelde Dichtftukjes zijn te vinden in de *Zeeuwfche Nachtegael*, bl. 11 en 13. Het eerfte is getiteld: *Plockhaertje van Jonckvrou ANNA ROEMERS met Cupido;* het ander: *Muytery tegen Cupido, van Jonckvrou ANNA ROEMERS.* Beide zijn wel aardig, doch te lang. Hierna volgen de dankzeggingen enz.; onder deze is mij als het beste voorgekomen de volgende aanmaning aan de Zeeuwfche Poëten, om de beloofde verzameling verzen met den naam van *Zeeuwfche Nachtegael* in het licht te geven.

De

De heuchelijcke fon, die bralt, en klimt om hoogh:
De wegen nat, en glat, die werden hart en droogh:
De Wijngaert oogen crijcht, en aen der boomen toppen
Daer berst te met een blat uyt dick-gefwollen knoppen:
De bruyne voefter-vrou, de vette groeyfaem aerdt
Die heeft haer eerfte kruyt en bloemen al gebaert:
Het luchtigh pluym-gediert al tjilpende comt fwieren,
En fpringt van tack op telgh, met vrolick tierelieren.
Dees Somer-teyckens die verneem ick altemael,
En noch verneem ick niet uw Zeeufche Nachtegael. (*)

Deze versjes worden gevolgd van twee andere minnedichtjes, die, hoe zeer zonder naam, echter, als ftaande in ééne afdeeling, mij voorkomen ANNA's werk te zijn. Het eerfte heeft tot opfchrift: *Cupido Brilleman*, en is niet zonder geest. Het ander is getiteld: *Cupido Honichdief;* het fchijnt eene navolging van een liedje van ANACREON; beide zijn te veel gerekt.

(25) Bl. 28.
Zie de *Zeeuwfche Nachtegaal*, bl. 159 en volg.; aldaar zijn Psalm V, VI, VIII en XIII, alsmede het op bl. 32 geprezen gebed *op den Biddag.* Deze ftukken zijn geenszins zonder dich-

(*) Ald. bl. 14.

I 3

dichterlijke verdienften, inzonderheid Psalm VI.
Of de daarop volgende deftige en ernftige
dichtftukken van bl. 166 tòt 184 van ANNA
zijn, dan niet, durf ik niet beflisfen; dezelve
zijn zonder naam, en ik twijfel er aan, hoezeer ook alles met haren trant overeenkomt,
omdat haar naam vroeger ftaat; anders zoude
ik zeker hieruit het een en ander ontleenen,
ten betooge, dat zij, in zaken van Geloof
en Godsdienst, zelve durfde denken, vooral
uit het vers met het opfchrift: *Dat de uyter-*
*licke Godsdienst, fonder den innerlicken, Gode*
*niet en behaagt.* Alle deze verzen verdienen
lezing; inzonderheid dat met het opfchrift:
*Decidunt turres,* waar de ijdele trotschheid
der menfchen, en hoe zelfs de magtigfte ten
val geraken, zeer fraai en deftig bezongen
wordt.

(26) Bl. 29.
Dat HOOFT dit insgelijks deed, blijkt uit
deszelfs Brief No. 196. — Hierbij zond hij
voor de tweede maal een gedicht ter herziening, en zegt tevens: *De Vaarzen fneeuwen*
*UE. op het lijf van alle kanten, met zoo kleen*
*en' fchreumte, als of het licht waar voor de*
*juistheidt van UE. oordeel te beftaan.* Hij verzocht

zocht verders hartelijk, hem *zijn leemten te toonen*, *op zijn zeer te tasten*, *en raadt daar tegens te verfchaffen*.

(27) Bl. 29.

Aangaande dezen heb ik niets bijzonders vermeld gevonden. Zijn Vader was Baljuw van de *Zijp*, en het komt mij derhalve waarfchijnlijk voor, dat hij niet tot het Kerkgenootfchap der Roomfchen, maar tot dat der Hervormden, zal behoord hebben. — Of hij ANNA overleefde, of vóór haar ten grave daalde, is mij niet gebleken; het laatfte komt mij waarfchijnlijk voor, omdat ANNA zich met de zorg voor het onderwijs van beider Zonen moest belasten.

(28) Bl. 30.

*Dordtfche Dichtfchool.* Het zoude eene zeer belangrijke Verhandeling kunnen worden, indien men de waarde van dezelve in het licht bragt, en haar vergeleek met de Amfterdamfche. Van oudsher heeft *Dordrecht* véle Geleerden opgeleverd. De VAN DER MIJLES, de BLYENBURGEN, de MUYSEN, WILLEM LINDANUS, PAULUS MERULA, GERARD HOVÆUS, JANUS RUTGERSIUS en anderen, hebben onzen letterkundigen roem aan-

I 4                          zien-

zienlijk vermeerderd. Door dat de geleerde
JOHANNES en GERARDUS VOSSIUS, Vader
en Zoon, het beftuur over de Latijnfche fcholen
aldaar hadden gevoerd, fchijnt de lust voor de
Poëzij algemeen geworden te zijn. De volgende
naamlijst van met CATS en ANNA levende
Dordtfche Dichters heb ik kunnen opmaken uit
BALEN en uit aan mij verftrekte inlichtingen:
M. BALEN, S. VAN BEAUMONT, CORNELIS
DE BEVEREN, JOHAN VAN BEVERWYCK,
A. en W. VAN BLYENBURG, T. VAN BRAGT,
PIETER en MARGARETHA GODEWYK,
D. HEINSIUS, R. V. D. HONERT, S. VAN
HOOGSTRATEN, DANIEL JONCKTYS,
J. VAN NAERSEN, SAMUEL NÆRANUS,
CORNELIS VAN OVERSTEEGE, C. en J.
VAN SOMEREN, JACOB WESTERBAEN,
JACOB en JOHAN DE WITT.

Aanmerkelijk is het, dat men in de werken
van de meesten eenen min ftouten toon dan bij
de Amfterdamfche Dichters vindt; de Vlaam-
fche en Zeeuwfche Dichters fchijnen doorgaans
meer door hen beoefend te zijn, dan de oude
Dichters, en, behalve WESTERBAEN en
NÆRANUS, vindt men bij de meesten ook
meer Theologie, en eene bijzondere verkleefd-
heid aan de Geloofsleer, te *Dordrecht* bevestigd.

(29). Bl. 30.

Dit bleek mij uit een gefchrift, hetwelk een mijner Vrienden in een Exemplaar van BALEN's *Dordrecht* gevonden en aan mij verftrekt heeft. Hierin zijn verfcheidene nadere berigten aangaande MARGARETHA GODEWIJK, en tevens eenige van hare versjes op bijzondere gelegen heden. — Uit dezelve is echter, bij hetgeen BALEN, in gemeld werk, alwaar de afbeelding van haar is, vermeldt, en hetgeen gevonden wordt in Deel VI der *Levensbefchrijvingen van voorname, meest Nederlandfche Mannen en Vrouwen*, weinig opmerkelijks te voegen.

(30) Bl. 32.

Dit vers, hetwelk ten antwoord diende van het groote Lofdicht van HEINSIUS, door mij op No. 14 medegedeeld, is te vinden in de Zeeuwfche Nachtegael, bl. 11. Het wordt, als niet vrij te kennen van valsch vernuft, zoo wel als het weder-antwoord van HEINSIUS, met ftilzwijgen voorbijgegaan; liever laat ik de verzen van JACOBUS SEVECOTIUS en van ANNA, die een gevolg waren van de verzen tusfchen haar en HEINSIUS gewisfeld, hier volgen.

I 5 *Aen*

*Aen*

## DANIEL HEINSIUS

*en Jonckvrouw*

## ANNA ROEMERS VISSCHER.

Van als het Griekſche land wiert te eenemael bezeten
Met bott' onwetenſchap, en heeft men nooit geweten,
  Waer dat MINERVA was vervlogen met den God,
  Die Heliconis vloet hielt onder ſijn gebod.
Maer als ick heb geſien de welgemaeckte dichten,
Die de geleerde HEYNS en ANNA ROEMERS ſtichten,
  Ick hebbe vast gedocht, gehouden voor gewis,
  Dat PHŒBUS met ſijn volck alhier gekomen is.
Waer HEYNS APOLLO niet, hoe ſoud' hy konnen maecken
De dichten, die vol konst niet menſchelijks ip ſmaecken,
  Die van de Goden ſijn van ſterflickheyt bevrijt
  En in het eeuwig boeck geſchreven van den tijt.
Waer ANNA ROEMERS niet MINERVA, hoe ſou't weſen,
Dat wy ſoo veel van haer en hare konſten leſen?
  Hoe ſou het wijd tooneel des werelds ſijn te nouw,
  Om te beſluiten d' eer van een gemeene vrouw?
Hoe ſoud' een vrijsters hert de ijdelheyt verachten,
En vliegen in de locht met hemelſche gedachten,
  Verheffen op haer wieck, bevrijen van de dood
  Soo menig kloecken man, die ſy wil maecken groot?

                           Ick

Ick laet de blinde dan noch twijfelachtig kijven
En waer nu PHŒBUS fy, of waer MINERVA blijve;
 HEYNS fal my PHŒBUS fijn, en ghy, Hollandfche Maegt,
Verdient dat ghy alleen MINERVE's name draegt.

## Haar antwoord was:

Uw gunst, uw heuschheyt en uw groet
My dit weer aen u' fchrijven doet.
Dat hier in *Hollant*, meyn ick wis,
Noch PALLAS noch APOLLO is;
En foo f'er fijn, fy fijn bedeckt
Uyt vreefe van te fijn begeckt.
Dit volck met een verkeerden fin
Dit haelt den mancken PLUTUS in,
Die vallen fy meest al te voet,
Om dat haer dorst fou fijn geboet,
Uyt Tagos gulden watervliet,
Uyt Castalis en lust haer niet.

Uw Neve fweemt APOLLO naer
Alleen, of hy het felve waer;
Sijn lier fpeelt uyt een foeten toon,
Sijn hooft pronkt met den lauwerkroon,
Daerom foo mag het wel gefchien
Dat hy daervoor wert aengefien;
Maer ghy, dien ick vriendin fal fijn,
Al fijt ghy onbekend aen mijn,

Hebt

Hebt uyt den ongemeenen bron
Uw dorst gelest op *Helicon* ;
De Mufen hebben toen ook daer
Gekransd uw grijs of jeuchdig hair.

Maer wacht u wel, dat ghy den haet
Van de Godin niet op u laedt,
Om dat ghy my, (mijn pen befwijckt)
My, feg ick, my by haer gelijckt.
Helaes, MINERVA! wees niet gram,
Ick nooyt de courtoify aennam.
Voor waerheyt; ey ick fcheld oock niet
Hem, die my fulcken eere biedt;
't Is maer uyt boert; elck foekt om prijs
De Vrouwen wat te maecken wijs,
Die met haer botte ooren grof
Niets liever hooren dan haer lof. (*).

(31) Bl. 32.

Zie WESTERBAENS *Ockenburg* , bl. 92.
Bij ROEMERS *Zinnepoppen* , bl. 69, is de afbeelding van een fchepter, zwaard en bisfchops-
ftaf, vereenigd door eene kroon. Ik gis, dat
dit door haar als blazoen zal aangenomen zijn,
en

(*)  Zie *Emblemata ofte Sinnebeelden*, met dichten verfierd
door JACOBUS SEVECOTIUS, en deszelfs verfcheide dichten, *Amfterdam* 1638. lang 12mo.

en heb het derhalve op den titel geplaatst. Het onderfchrift was:

Wat's flaefbaer hooge ftaet? wat's fchat? wat's werelds eer?
En fulck' afgodery? voorwaer: genoegh is meer.

Het komt mij ook waarfchijnlijk voor, dat het vers van CAMPHUYZEN, D. I. bl. 11, op deze zinfpreuk is vervaardigd; de vier eer-fte couplets deel ik mede.

Heeft yemant, door geftadig draven,
  (Gelijk fomtijds wel yemant heeft)
Door angftig woelen en door flaven,
   Dat hem geen menfche, die er leeft,
      In overvloed
      Van fchat of goed
Te boven gaat; 't geluk dat dient hem zeer;
't Geluk dat dient hem: maar, *genoeg is meer.*

Word yemant hier foo hoog verheven,
  (Gelijk doch felden yemant word)
Dat hy in ftaag en pijnlijk ftreven,
   Van fterken eerlust aangeport,
      Door hoogen ftaat,
      Romeynfche daad
Of kloek verftand komt tot de hoogfte eer;
't Is veel verworven: maar, *genoeg is meer.*

Kan

Kan yemant, die der leeft, geraken
(Als toch geen mensch ter werelt kan).
Tot zulk geniet van aardfche zaken,
Dat hy met rusten toe end' an
Al ruykt en fmaakt,
Hoort, ziet en raakt
Wat wellust geven mag; dit luck loopt veer,
En boven 't menschlijk: maar, *genoeg is meer*.


GENOEG heeft niemant van de menfchen,
Dan die het aardfche doorgeftreên
Nu viert van aardfche hoop en wenfchen,
En met zulks als hy heeft te vreên:
Gerust en ftil
Heeft wat hy wil,
Wil wat hy heeft, kan wat hy poogt en doet,
Doet wat hy kan; een Heer van zijn gemoed.

## (32) Bl. 32.

Men heeft mij tegenwerpingen gemaakt, als
of de waarde der Zusters, door bij de Roomfche Kerk te zijn gebleven, eenigzins zoude
verminderd zijn. Het is zeker een vreemd ver-
fchijnfel, bij de geftadige verkeering met de
verftandigften en geleerdften van haren leeftijd,
dan het is, mijns inziens, gedeeltelijk te verklaren uit hetgene aangaande de gematigde begrippen van den Vader reeds is gezegd, en het
ove-

overige laat zich ophelderen uit de toenmalige
omftandigheden in het Kerkelijke. Bij welk
Genootfchap der Proteftanten konden verftandige en gematigde Roomschgezinden zich toen
vervoegen? Overal voerde toen immers lief-
delooze Regtzinnigheid den fchepter ; overal
was men heet in het geloof, koud in de
liefde. Bij de Hervormden was gematigdheid
bijna misdaad. Bij de Remonftranten behandel-
de men ook meest alleen gefchilpunten, en bij
dezen ware dan ook vervolging van anderen
haar deel geworden. Bij de Genootfchappen
der Doopsgezinden en Lutherfchen was toen
nog weinig fmaak en geleerdheid te vinden.

Men heeft wel eens gevraagd, wat de reden
mogte zijn, dat zoo weinige Dichters van waarde in ons Land uit het Roomsch Kerkgenootfchap zijn voortgekomen. Behalve SPIEGEL,
VISSCHER en zijne Dochters, kenne ik alleen
JAN BAPTISTA WELLEKENS, vermits VON-
DEL en ANSLO door Doopsgezinde Ouders
zijn opgevoed. Door de beide Zusters blijkt
het, dat opleiding in de jeugd, en de gelegenheid tot omgang met lieden van geleerdheid en fmaak, meer afdoen, dan de Geloofsleer.

Met dit alles blijft het toch eene belangrijke
op-

opmerking, dat de meerdere of mindere Gods-
dienftige vrijheid op het uitzetten van de vermogens van den geest eenen zigtbaren invloed
heeft. Uit de Gefchiedenis onzer Dichtkunde
zoude dit breedvoerig te betoogen zijn. —
Hoe vele Dichters waren er onder de Remonftranten en Doopsgezinden, in tegenftelling
der andere Proteftantfche Kerkgenootfchappen,
vooral wanneer men het gering getal van dezen
met de anderen vergelijkt! — Het is hier de
plaats niet, hierover breedvoerig te zijn.

(33) Bl. 32.
BARLÆUS weidde in dezen brief bijzonder
uit in den lof van haar, haren Vader en hare
Zuster. Dezelve is te vinden in Deel II: zijne
*Brieven*, No. 440. p. 866. PUTEANUS gaf
in het antwoord, hetwelk te vinden is in het
uitgegevene honderdtal Brieven uit het Mu-
fæum van JOHANNES BRANDT, *Amft.* 1702.
p. 171. No. 54, eene zeer levendige getuigenis
van het onthaal, aan haar gegeven, en van het
genoegen, uit den omgang met haar gefmaakt.

(34) Bl. 33.
Dit Dichtftuk is door mij gevonden in een
boekje, getiteld: *Bloemkrans van verfcheidene*
*Ge-*

*Gedichten, Leyden* 1659; het werd door haar gezonden aan den Heer BAARSDORP, oudften Burgemeester. Zij had tevens hare Zonen in de gunst van den geleerden EWALDUS SCRE-VELIUS aanbevolen met het volgend vers:

Geleerde wijze Man, van PALLAS onder velen
Verkoren, om de Jeugd uw wijsheid meê te deelen;
  Roem van het Nederland, en Eer van deze Stad;
  Licht van de Hooge-fchool; Aanleider tot het pad
Van alle wetenfchap! 'k verzoeke voor mijn Zonen
Uw gunst, uw hulp, uw raad; en dat ik hier kom wonen
  In dees vermaarde plaats, het Nederlandsch Atheen,
  't Is om dees lieve twee, die 'k heb, en anders geen.
O PHOEBUS! my weleer zoo toegedaan en gunftig,
Dat gy op Helicon my by uw Zusters kunftig
  Zoo vriendelijken bragt, duurt nog uw zucht tot mijn,
  Laat deze twee, mijn kroost, u dan bevolen zijn;
Laat deze groene Jeugd en wakkre Jongelingen
Veel zoete deuntjes op Parnasfus leeren zingen;
  Mijn Lier die is ontfnaard, mijn Lauwren die zijn dor,
  Door groote droogten is mijn ftemme heesch en fchor,
Om dat in langen tijd ik niet en heb gedronken
Het zinne-zuivrend fap, dat geesten doet ontvonken.
  Maar gy, eerwaarde Man, die my maar met den naam
  Als nog en zijt bekend, dien de gezwinde Faam
De wereld overblaast, en wil u toch niet fteuren,
Dat ik u groeten durf en zenden deze leuren;

K

Doch

Doch terg ik uw geduld met deze lompe ftof,
Neem 't my niet moeijelijk, maar moederlijken of.

(35) Bl. 33.

Aangaande dezen Zoon, die Advocaat was
in den *Haag*, worden eenige berigten gevonden bij BALEN, bl. 1291, en in de Brieven
van J. VOLLENHOVE aan G. BRANDT, achter het Leven van den laatften, door J. DE
HAAS. Hij werd bij zijn leven in zijne woon-
plaats nog al voor een fraai Poëet gehouden;
dan, na het zien van eenige zijner verzen, in
het bij de vorige aanteekening vermeld boekje,
voeg ik mij gaarne bij het oordeel van VOLLEN-
HOVE, die geloofde, *dat hij niet regt ver-*
*licht was, of de beste droomen op Parnas ge-*
*droomd heeft. Hy noemt zijn dichtlust eene*
*erfziekte van zijn geflacht en zijne moeder*
*aangeërfd, maar zeker is het jammer, dat*
*geesten van die afkomst den regten weg niet*
*kennen en niet gezonder aan dit euvel ziek*
*zijn.* Zijne Zinfpreuk was ook gansch niet nederig: *Romane; — op zijn Romeinsch.*

Dat een zijner Zonen, DOMINICUS VAN
WEZEL, zoo geen beoefenaar, ten minfte een
liefhebber der Poëzij was, bleek mij, door dat
hij de uitgever was van de verzameling: *de*
*lagchende Apollo, Amft.* 1669, waarvan mij
al-

alleen het 2de Deel ter hand kwam , en van *de open winkel der Zanggodinnen. Zaltbommel* 1669; hierin zijn ook eenige der beste versjes van ROEMER VISSCHER.

Of van onze ANNA nog nakomelingen over zijn , bleef mij, in weerwil van alle nafporingen, onbekend. — Het komt mij waarfchijnlijk voor , dat , uit hoofde deze bij de Roomfche kerk verbleven, de familiebetrekkingen met andere takken van het geflacht van VAN WEZEL, hetwelk zoo wel met dezen naam als met dien van VAN DEN HONERT zeer aanzienlijk gebloeid heeft en nog bloeit, niet zijn aangehouden.

---

Zoo veel mij bekend is, is er nimmer eene afbeelding van ANNA's gelaat in druk verfchenen. Ik heb de prent in dit werk kunnen geven door de heuschheid van den Heer J. DE VOS, die in zijn rijk Kabinet de fchoone teekening van HENDRIK GOLTZIUS bewaart bij eene wedergaé , naar welke de bekwame PLOOS VAN AMSTEL , in zijn beroemd Prentwerk, het gelaat van TESSELSCHADE heeft in het licht gegeven. — De Heer J. DE VOS, *Willemszoon*, heeft zijne uitmuntende kunst te mijnen dienfte wel willen te kost leggen , om

K 2                  aan

aan den Graveur eene misschien even schoone verkleining van de teekening van GOLTZIUS te bezorgen. Beide Heeren DE VOS, Oom en Neef, zullen mijnen openlijken en warmen dank wel willen aannemen.

Ik had reeds vroeger eene prent van ANNA's gelaat doen graveren, volgens eene teekening van STOLKER, naar eene schilderij van NICOLAAS VAN DER HECK, Alkmaarsch Schilder. In deze teekening, thans mijn eigendom, is ANNA afgebeeld in den ouderdom van een-en-veertig jaren. Nu ik gelegenheid erlangde, om eene afbeelding te geven, waarin zij in schoonheid en bevalligheid minder bij hare Zuster afstak, heb ik mij de kosten getroost, en liever eene nieuwe plaat doen vervaardigen. — Eenige Proefdrukken van de eerste, zonder letters, zijn bij den Uitgever voor de liefhebbers tegen een' billijken prijs te bekomen.

In die schilderij, welke ik nergens heb kunnen opsporen, is ANNA afgebeeld ter halver beens, als staande bij eene tafel; op dezelve een kerkboek; het boek, de *Zinnepoppen*, ligt opengeslagen met de prent op bl. 120, en de spreuk: *Intelligentibus*. — Haar wapen is in den hoek, hetwelk ik op de prent van ROEMER heb doen plaatsen.

(36) Bl. 38.

Ik heb dezén zang gevonden op bl. 187 van den zevenden druk van *het Amfterdamsch Min-nebeeckje*, in 1645 te *Amfterdam* bij JOOST HARTGERS in breed 12mo uitgegeven. — Dit boekje bevat vele liedjes van uitftekende bevalligheid en kieschheid. Uit eene Opdragt aan de Amftelfche Jonkvrouwen bleek mij, dat J. H. KRUL de verzamelaar was.

(37) Bl. 38.

ALLARD VAN KROMBALG. — Dezen aangaande, zijn mij nergens berigten voorgekomen. Dat hij waarfchijnlijk den Krijg gevolgd hebbe, heb ik opgemaakt uit het Huwelijksvers van HOOFT. Ik heb niet kunnen vinden, vanwaar hij afkomftig was. De familienaam, VAN KROM-BALG, is mij voorgekomen in Friefche procesfen, bij de Decifien van VAN SANDE.

(38) Bl. 38.

De weifeling van hare gedachten, ten tijde van de vrijerij, befchreef zij aardig, in een liedje, destijds gemaakt.

Hoe krachtigh ick verpijn
Door de waerheyt of door fchijn

K 3

Te

Te fmooren met een koude praet
't Geen vierigh in mijn hartje flaet,
: Het fuijend flaepen doet vermaen
Het fluymerich en 't foet;
Een genuchje,
Een geduchje,
Een fuchje alzem, bitter fuycker foet.

De Min my leeren wou,
Hoe ick best vergeten fou,
Het geen ick niet vergeten kost,
Dat ick er ftaeg om dencken most.
Ja muurt en metst in mijn gedacht,
En foo men enckel wroet
Om het fmertje
Uyt het hertje
Te weeren, feyd hy, dit's de beste voet.

Wel luste my de daet
Van 't ftoocke vijertje quaet,
'k Behield dat ick wou rooijen uyt,
Dit is het aertje van de guyt,
Die met flimme, met loofe treecken,
Dwingelandtjes gril
Door fijn krachjes
En gedachjes
Wil woonen daer men hem niet hebben wil. (*)

(*) Verfch. Ged. 1653. bl. 30. - Minnepligt en Kuisheidskamp,
bl. 122. Haegfche Nachtegael, bl. 4.

(39) Bl. 38.

Hoe zeer uit het Huwelijksvers van HOOFT reeds gedeelten in de Redevoering vermeld zijn, vermeen ik het echter ook in zijn geheel te moeten laten volgen.

## BRUYLOFTZANG

### OP 'T HUWELIJK VAN DEN HEER

## ALLART VAN KROMBALGH,

### EN JOFFROUW

## TESSELSCHA ROEMER VISSCHERS.

Mingod, ftreng van heerfchappy,
Ziet ghy wel die Maeght aen 't Y,
Op het eêlfte van haer daegen,
Die uw' moeder heeft ontdraegen
Blos van kaeken, en den flagh
Van die lieffelijke lach?

Wat, zich, trekt zy zorgen aen?
Zinnen werken, handen gaen.
Doende zijn haer oogen zedigh.
Keel en lippen zijn onleedigh.
Magh een jeughdt zoo groen en fris
Tegen zoo veel moeyenis?

K 4

Vat zy diamant; een kras
Spreeken doet het ftomme glas.
Ziet dien duim, met gouden draeden,
Maelen kostele gewaeden:
  Vingers voeren pen, penfeel:
  Knockels kittelen de veel.


Ziet dan gaet dat mondjen weér,
Met de nooten, op en neér:
't Oogh zich aen de letters lijmen;
De gedachten aen het rijmen:
  Tong zich krommen in de klank
  Van den Roomer en den Frank.


Wie krijght, uyt die vlijtigh' handt,
Den gefteelden diamant?
Wie die knockels, van de fnaeren?
Duympjes uyt het gouden gaeren?
  Uyt die vingers, pen, penfeel?
  Van den zang, die klaere keel?


Wie beneemt die tong de fmaek
Van de Franfch' en Roomfche fpraek?
Wie kan oogen zoo belaeden
Scheuren van de wijze blaeden?
  Maeken wie dien geest zoo duf,
  Dat by op het dichten fuff?


Nae-

Naedemáel gevonden wart
Niet een hockeltjen in 't hart,
Oft het is bezet; ô Minne,
Aen wat eindt zult ghy 't ontginne'?
Aengezien uw eisch en wensch
Is een heel en leedigh 'mensch.

Op ftoof Mingod, met een veegh
Korzelheidt in 't kopje fteegh.
Zoud een maeghd ik nu niet dwingen,
Die door oorloghs drok kan dringen,
En ontvallen doen de fpies
Kan aen CÆSARS en HENRIES?

Meenighmaels heb ik gezien
Mijnen vaeder MARS, by wien
D' onverfaeghde krijgsluy fweeren,
Zijnen helm, met bos van veeren,
Beukelaer, en zijdgeweer,
(Tockeld' ik fleghts) fmijten neêr.

Mijn vrouw moeder desgelijks,
In de bezigheén haers rijks,
Als zy zal befcheidt, nae reden,
Doen, op duyzenden gebeden;
Ziet haer MARS eens vierigh aen,
Alle zaeken laet zy ftaen.

K 5

Laet

Laet my MARS, oft anders een'
Uyt zijn aengezicht gefneên,
Doen eerbiedelijk met zijnen
Uytgeftorten moedt verfchijnen
    Voor die VENUS van gelaet;
    'k Wed zy VENUS gangen gaet.


Uyt had hy. Met eenen quam
    MARS fen weêrgae t' Amfterdam
Haer beftryen met de treeken,
Die hem Min had ingefteken;
    Voor een jaetjen van haer mondt,
    Biênd' al wat te bieden ftondt.


Wonder, wonder groot! Ik zie 't,
    En mijn oogh gelooft het niet.
Kan men zoo een maeghd befweeren?
TESSELSCHA vaert uyt haer kleeren;
    Schiet een vlieger aen, voor deez'.
    TESSELSCHA vaert uyt haer vlees.


KROMBALGH, tot haer boezem in,
    Voert een heel nieuw huysgefin,
Nieuwen geeft, en nieuwe krachten,
Nieuwe kennis van gedachten,
    Nieuw verftandt, en nieuwe reên,
    Nieuwlijke genegentheên.

                                    Als

Als MEDEA' uyttapte tot
Haers fchoonvaeders dorre ftrot
't Kiemigh bloedt, en uyt de pullen
Welbepreutelt, weêr opvullen
Met een verfche ziel hem liet;
ÆSON was 't, en ÆSON niet.

In zijn borst bleef niet van 't ouw,
In zijn voorhoofdt niet een vouw.
't Was een van die Griekfche zeuntjes;
Lichte dansjes, nieuwe deuntjes,
Mooije meisjes, minnekeur,
Ritfelden zijn aêren deur.

TESSELSCHA fchier ÆSON flacht.
Stift, en fchrijf- en fchilderfchacht
Druypen door haer losfe vingren.
Snaeren flaepen, boeken flingren.
Naeld, borduurtuygh, ende raem
Zy vergeet, om beter kraem.

Jonge KROMBALGH volgh' 'er nae,
Oft een derde TESSELSCHA.
Want de tweede wy beleeven,
En haer dezen keer vergeeven,
Mits, voortaen, zy nimmermeer
Doe te rug gelijken keer.

Bij

Bij HUYGENS zijn verfcheidene gedichten, tot dit Huwelijk betrekkelijk: 1. een *op de reyze naar Muyden* (\*), 2. *Ondertrouw* (†), 3. *Op de Bruyloftsreyze* (§), 4. *Aan* TESSEL- SCHADE, *jonggetrouwde* (‡). Het laatfte is het aardigfte, en voornamelijk ingerigt om hare voorfpraak te erlangen bij MARIA VAN KAP- NEM, op welke HUYGENS, toen nog jong, op hare Bruiloft was verliefd geworden. Gaar- ne zoude ik het invlechten, indien de uitge- ftrektheid het mij niet afried.

Het Dichtftuk van VONDEL, getiteld: *De Toortfen van* ALLARD VAN KROMBALG *en* TESSELSCHA ROEMERS, is een der wijd- loopigfte van zijne Bruiloftsdichten; zie *Poefy*, Deel I. bl. 714.

De aanvang is als volgt:

Hoe zal ik 't heilig bed van ROEMERS dochter roemen?
Mijn oog te keurig dwaelt, hier lacht een beemd vol bloemen.
  O Aemftelnymphen helpt! Wat hemelsch drijft mijn geest.
  Vlecht hoeden en ontfteekt de toortfen van dees feest.
Dat zoo veel geesten, als er leven in mijn aderen,
Naer boven zwevende, in mijn herfenen vergaderen.

Zy

---

(\*) *Korenbloemen*, bl. 262.    (†) Ald. bl. 263.
(§) Ald. bl. 264.    (‡) Ald. bl. 237.

Zy zijn er al. Ik voel 't. Een God bezit mijn ziel,
En toont het fchoonfte, dat een kiesch vernuft beviel.

En hierop weidt dit weelderig vernuft uit, misfchien te breed; ten minfte vervalt hij nog meer tot het inweven der Heidenfche Goden en Godinnen, dan in het Huwelijksvers op HOOFT; en het fchijnt mij bijna toe, dat het half eene fatyre is op het toen beftaand gebruik. De geheele Olympus wordt over hoop gehaald. JUNO, als Patrones van *Amfterdam*, wil ANNA en TESSELSCHADE doen huwen, omdat beide als Sirenen zoo vele mannen verlokten en van het werk en uit de zee hielden. Zij doet derhalve hiertoe voorftel in den Raad der Goden. APOLLO ftelt er zich tegen, als befchouwende beide Zusters als zijne Priesteresfen, wier dienst hij niet ontberen konde. Heerlijk fchildert hij hare verdienften:

Zy zijn aen my verloofd door diergezworen eeden:
  Mijn dochters wacht uw dienst; mijn koorgewaed u dek;
  Dat geen kerkfchennis u befprenkle of bevlek;
Mijn feest uw zorge zy; volhardt in mijn gezangen.
En gy voornamentlijk, wier fchrandre zinnen hangen
  Aen TASSOS heldenftijl, wiens asfche gy beroert
  En zoo hoogdravend door ons *Holland* fpeelen voert,
En durft met GODEFROY den oorlog u getroosten,
En hitst de Westerfche flagordens aen het Oosten,

En

En noopt den klepper, die het ſtof omwroet verhit ,
En ſchuimbekt op zijn' draf en knabbelt het gebit.

Geen God noch geen Godin beroof me van deez' panden:
Mijn voedſterkinders zijn 't; zy voên mijne offerhanden;
De galm van 't ſnarenſpel haer mond volgt, vol van God ;
Mijn vloeren zy betreên, mijn tempel is haer lot.

NEPTUNUS ſtelt zich tegen APOLLO, en
kan het weigeren van het huwelijk aan deze
Zusters niet overeenbrengen met zijne eigene
zucht voor de Sexe en met zijne ſnoeperijen ;
deze worden opgehaald, en dit geeft aanleiding
dat de eene den anderen alles verwijt en de
geheele ſchandkronijk dier Goden wordt opge-
lezen. MARS ſtelt zich eindelijk voor JUNO
in de bres, en verwekt ſtilte; na veel redewis-
ſeling komt het vonnis van JUPITER:

APOLLO zal gedogen
Het huwelijk van haer, wier opgeſlagen oogen
Zijn Godheid eeren; doch en zal in allen ſchijn
Dit tot zijn nadeel niet te ver getrokken zijn,
Als of hy afſtand deed van 't Recht hem opgedragen;
Ook zijn door 't juk des echts deez' Nymphen niet ontſlagen
Van koor en kerrekdienst; daer by zal d' eerſte vrucht
Van 't Bruiloftsbed, geteeld in 's levens vrije lucht,
APOL-

·Apollo zijn gewijd. Hy zweeg, en daer op loegen,
D' onfterfelijke Goon en dronken met genoegen
  Malkandren vrede toe. Waer toe zoo veel gefchils
En oorlogs? riepen zy, Jupyn gunt — *elk wat wil.*

.Hierop volgt dan eene zwierige, bijna te rijke befchrijving van de vreugde, die dit vonnis
op de aarde te weeg bragt, en alles wordt befloten met een fraai Bruiloftslied.

## (40) Bl. 39.

Hoe zeer zij HOOFT vereerde, blijkt ook
nog uit een bijfchrift op zijne afbeelding :

Dit is uw Hooftman! fiet dit is hy, die bedreven
Op blinde klippen is, om andren licht te geven;
Geen duistre Prophecy en heeft hy voorgenomen
    In 't licht te laten komen,
  Maer doet u meenigh eeuw de fon te rugge gaen
      Door fijn Historieblaén.
D' onfterflijcke Poëet, doorwatert in de vloet
Der fteyle tweelingstop, die duyfent Echo's voedt (*).

## (41) Bl. 40.

Deze aardigheden heb ik reeds eenigzins gedacht en geprezen in mijne Redevoering *over*
*HOOFTS Brieven ;* dan, daar ze TESSEL-
                           SCHA-

(*) *Klioos Kraam ,* D. I. bl. 205. *Verfch. Ged.* 1653. bl. 31.

SCHADE doorgaans bijzonder bedoelen, verei-
fchen dezelve hier eene nadere aanwijzing. De
Brieven, N°. 310. 311. 321. 342. 349. 375.
413. 469. 496. 552. 603. 623. 629. 723. 742.
munten onder andere uit. Ik heb ook van eenige gebruik gemaakt, of in deze Redevoering, of in de Aanteekeningen; dan ik durf
eene afzonderlijke lezing van *alle* de Brieven,
door HOOFT aan haar gefchreven, aanraden.
Men moge hier en daar eene bloem vinden,
die meer gezocht dan dadelijk gezien fchijnt;
dan men zal zich zijne moeite wel vergolden
zien, door getuige te zijn van de openharti-
ge vriendfchap en vrolijke jokkernij tusfchen
beiden.

In het geheel zijn er tweeënveertig Brieven,
aan haar gefchreven, bewaard gebleven. Onder
de ongedrukte bij HOOFTS Handfchriften heb
ik ook nog eenige briefjes, aan haar gefchreven, gevonden; doch deze liepen alleen over
voorwerpen van geen algemeen belang.

(42) Bl. 41.
Zie Brief 356. Deze is mede een der aardigfte, en verdient vooral gelezen te worden.
HOOFT fchreef nog bij het toezenden van het
op die bladzijde vermeld vers:

'k Weet

'k Weet van dichten noch van deunen;
Niet dan ketelachtig dreunen
Is het dat mijn fnaaren
Baaren.
Was de keel ooit glad en hel,
Z'is nu bijster van haar ftel,
Slaat niet dan een fchor
Gemor.
't Hart, al heeft het PHŒBUS tegén,
Wil, tot uw verzoek genegen,
Boven zijn vermeugen
Deugen.

*Hier ziet UE. den ftrijdt tuffchen kracht en zucht.*

(43) Bl. 45.

Ik ben, in weerwil van alle aangewende vlijt, niet geflaagd in mijne wenfchen, om van dit aanzienlijk werk eenig voldoend berigt te kunnen geven. Behalve bij de aangehaalde Schrijvers en anderen, vond ik aangaande deze onderneming de meeste berigten in de reeds vermelde Brieven van VOLLENHOVE. Deze had bij den Zoon en Erfgenaam van ANNA eenige boeken van *TASSO's Verlost Jeruzalem* gezien, en noemt het *een onvoltrokken werk, en zulks op het papier gefteld, dat het naauwe-*

L *lijks*

*lijks leesbaar was.* — Dit laatfte zoude mij
niet afgefchrikt hebben. Hoe gaarne zoude ik,
bij voorbeeld, de epifode: *het lot van* OLIN-
TES *en* SOPHRONIA, hebben ingeweven!

Voldoende bleek het mij, dat deze gefchriften in 1712 alsnog in *den Haag* voorhanden
waren bij een' Procureur, ... VAN WEZEL;
flaauwer is mij gemeld, dat alles in 1717 zoude verkocht zijn. Eens erlangde ik berigt, dat
deze papieren in eigendom waren geraakt van
den geleerden en beroemden G. VAN PAPEN-
BROEK, en dat dezelve na 's mans overlijden
waren gekomen in de Bibliotheek van een zeer
aanzienlijk en kundig Regent te *Haarlem;*
dan deze ftukken zijn vergeefs aldaar gezocht.
Het komt mij niet onwaarfchijnlijk voor, dat
VAN PAPENBROEK deze Handfchriften en
andere papieren heeft bezeten, omdat het aantal der brieven, door HOOFT aan TESSEL-
SCHADE gefchreven, zoo aanzienlijk bij de
laatfte uitgaaf vermeerderd is. In *HOOFTS*
*Mengelwerk* zijn alleen zesentwintig, hier
tweeënveertig. Vermits VAN PAPENBROEK
ook brieven bezat, aan HOOFT gefchreven,
blijkens H. L. SPIEGELS *Hartfpiegel*, is
het niet onwaarfchijnlijk, dat dezelve ook
brieven van TESSELSCHADE bekomen heeft;
doch

doch waar fchuilen thans die papieren? Ik
kan, na niets verzuimd te hebben, om dezelve
te ontdekken, nu niet meer doen, dan alle
liefhebbers der Vaderlandfche Letterkunde hartelijk uit te noodigen, om met mij naar deze
dierbare gedenkſtukken te blijven zoeken. Heufchelijk beveel ik mij tot verwittiging, indien
iemand dezelve ergens mogte ontdekken.

(44) Bl. 47.

JOHAN DE BRUNE. — Tusfchen den druk
van den tekst en deze noot ben ik, door inlich-
ting van den geleerden TE WATER, van mijne
dwaling overtuigd geworden, dat het werk:
*de Wetſteen der Vernuften*, niet door den
Raadpenſionaris van *Zeeland*, maar door JO-
HAN DE BRUNE, *de Jonge*, is uitgegeven;
waarfchijnlijk was deze de Broederszoon van
den eerften. Men had mij te voren reeds deze
bedenking geopperd; dan, daar de geest van
*de Wetſteen*, van het werk, *Jok en Ernst*, en
zijne Gedichten, bij elkander uitgegeven, alle
overeenkwamen met den geest van de gefchriften, bij DE LA RUE, *Geletterd Zeeland*, aan
den Raadpenſionaris toegefchreven, zag ik geenen genoegzamen grond, om van mijne opvat-
ting af te gaan.

L 2 Ik

Ik meld nog alleen, dat de getuigenis, TES-
SELSCHADE aangaande , veel uitvoeriger is.
Daar ik vreesde voor het gehoor eentoonig en
vermoeijend te worden, heb ik het in de Redevoering ingekort , dan geef te dezer plaatfe
ook het begin en flot. Na de fchoone verzen
van TASSO, waar de fraaijigheden in de tuinen van ARMIDA befchreven worden, te hebben opgegeven; zegt DE BRUNE: *Ten dienst*
*van eenige mijner landgenoten zou ik dees*
*Italiaanfche versfen wel in Neerlandfche rijm*
*everzetten , indien de noitvolpreze* MARIA
TESSELSCHA ROEMERS, *Weduwe van wij-*
*len den Heer* ALLARD VAN KROMBALGH,
*met dat wondermaakfel niet bezigh was. Ik*
*zou de menigvoude verdienften van haar Ed.*
*wel doodverwen willen; doch het gaat 'er mee*
*als 't met die heiligheden doet , daar men*
*niet als met een t'zidderende bevreestheid moet*
*by komen. Ik ben 'er wel overmatigh zeer*
*toe genegen ; maar die ondervinding vereischt*
*een geest , die zoo groot en eedel is , als*
*het onderwerp. Om dat ik de fwakheid van*
*mijn brein , en de deurkneedheid van 't hare*
*genoeghzaam ken , dunkt my dat ik fchuwen*
*moet het geen ik zoek , en dat ik op de kos-*
*ten van mijn aanzien mijn verlangen niet*
*moet*

moet boeten. Evenwel kan ik my zelven zoo
geweldigh niet inbinden, dat ik het hier by
zou laten fteken; en dat ik niet een woord of
twee van dat puikjuweel der vrouwelijke fexe
zou uitboezemen. Ik hoop dat mijn toomelooze
mond d'eerbiedenis, die ik die wijze Joffrou
fchuldigh ben, niet een ftipjen zal fchijnen te
verminderen. Was ik van dat punt t'eene-
maal verzekert, de welfpreekenheid, die andere zoeken, had ik ongetwijffelt gevonden;
want de glansfen van verftand, die my natuur
heeft geweigert, zou ik dan van mijn voorwerp te leen krijgen. Doch, nu ik voor
het tegendeel beducht ben, zal ik my maar
dees regelen laten ontvallen. Wanneer enz.,
zie bl. 46.

Deze loffpraak wordt befloten met: Ik en
fpreek niet eens van de verbintenis, die heel
Nederland aan haar Ed. zal hebben, om dat
zy 'er zoo onwaardeerlijke fchat aan meedeelt.
Die fchult, hoopen wy, zal met 'er tijdt be-
taalt worden, door den weergaloozen lof, dien
haar alle goe verftanden zullen geven, onder
wie ik anders niet en ben als een ootjen in
't cijffer. Ik zegh niet als een fchaduw: want
in den glans, die van haar Ed. afftraalt, kan
geen duister dingh plaats hebben; dewijl 'er

L 3                                    de

*de nachtfe naarheid zelf tot een heuchelijk*
*licht deur verandert zou worden. Het gaat*
*'er mee , als het met kleine lichaamtjes doet,*
*die dicht by de zon zijn ; al de zwartheid*
*harer fchaduw wort door de klaarheid, en in*
*de fchitteringh van zoo fterken licht , t' eene-*
*maal verzwolgen. Hier laat ik den verdienden*
*lof van de gemelde Joffrou fteken; dewijl het*
*op een ander plaats beter te pas komt ; daar*
*ik het ook met meerder deftigheidt doe.*

## (45) Bl. 49.

Dit Dichtftuk werd nog gevolgd door dit
Zinnebeeld :

Als ghy, MARJA, fmelt in tranen,
En wast de voeten van den Heer;
't En is geen raedtzel, maer een leer,
Die u, door Godes heilgen Geest,
Is ingeftort, die 't al geneest,
En ftiert op 's Hemels rechte banen.

Ghy zijt een zinnebeeldt der deughden,
Dat met een levendigh gefchrift,
Veel meer als pen of ftale ftift
Beduyt, liefdrijke fondenboet,
Geftieht met JESUS heylig bloet,
Die bron van heil en 's Hemels vreugden.

De

De Heylandt JESUS, op fijn voeten,
Leest, uit uw letter traan·kristal:
De liefd vergeeft de fonden al.
Hoe meerder liefd' hoe meer gewin.
Vergiffenis zoo groot als min;
Zoo kan de fiel haer fonden boeten.

O MAGDALENE, beeld vol ftralen!
Van vier en water, liefd' en boet,
Verkrijgfter van het hoogfte goet.
O Sielen! volgt haer deugd gewis.
Toont liefde, foekt vergiffenis,
Lieft JESUS, ghy zult niet verdwalen.

Het vuur en water fuivren bei:
Dat's liefde en rouwigh fondbefchrei.
Dat liefd was in een tranevloedt,
Dat fiertze met het hoogfte goedt.
Het vlammigh vuur in liefd' ootmoet
Maeckt tranevloed der fonden boet.
Dit was in MAGDALEEN alleen.
Och was in ons het oock gemeen! (*)

(46) Bl. 49.

Dit vers is in HUTGENS *Korenbloemen* op
bl. 306 te vinden, en wordt nog gevolgd van
zeven dichtftukjes *over het H. Avondmaal*,

waar-

(*) *Klioos Kraam*, bl. 175.

L 4

waarin de begrippen der Roomschgezinden over
de Mis vooral beſtreden worden.  Zij zijn mij
het meest opmerkelijk voorgekomen om de
hartelijke genegenheid van HUYGENS jegens
TESSELSCHADE, die overal doorſtraalt.  Op
bl. 647 is een fraai Klinkdicht, waarin haar
gemis uit de Gereformeerde Kerk als eene groote ſchade wordt geſteld.  Bl. 652 is het Klinkdicht, waarvan het ſlot in de Redevoering is
geplaatst. Bl. 660 is een versje tot antwoord
op eene vraag van TESSELSCHADE nopens de
Kerk.  Bl. 671 is een Klinkdicht tot nadere
noodiging.

Verders zijn er nog vele dichtſtukken van
HUYGENS aan haar gerigt.  Behalve die in de
Redevoering of in de Noten zijn vermeld, heb
ik nog gevonden:

1°. Een Klinkdicht aan TESSELSCHADE,
die aan eene Dochter van den Schilder
P. VAN VEEN het geestelijk leven aanraadde,
bl. 623.

2°. Een Puntdicht ter aanſporing, om een
vers van VONDEL aan hem toe te zenden, *ald.*

3°. Een Klinkdicht op den dood van hare
Dochter en haren Man, bl. 624.

4°. Een Klinkdicht op de roos in haar aan-
gezigt, 652.

5°. Twee

5°. Twee Puntdichten op woord- en naam-
fpelingen, bl. 661.

6°. Twee Puntdichten op een te kort verblijf en fpoedig vertrek, bl. 667.

7°. 't Spook te *Muiden*, toen HUYGENS
fliep in de gevangenkamer van Graaf FLORIS V.
aan TESSELSCHADE, bl. 1031.

8°. Aan ANNA en TESSELSCHADE, voor
Suikerpeen van haar ontvangen, bl. 1064.

9°. Een Puntdicht op dezelfde gift, bl. 1066.
Er zijn ook nog Latijnfche versjes in de *Momenta defultoria*, p. 105, 184, 349.

Wilde ik mij inlaten in eene opgave van de
loffpraak door HUYGENS aan haar gegeven, ik
zoude gelijk gevaar loopen als met die van
HOOFT, en tot fchijnbare overmaat van lof
vervallen. In alles is iets bijzonder hartelijks
kenbaar; meestal is de ernst met zekere opge-
ruimdheid vereenigd, en men krijgt beiden,
den Dichter en het voorwerp van zijnen zang,
lief. De onderlinge vriendfchap bleef voortduren, en moet dus op achting gevestigd geweest zijn. Het komt mij vrij waarfchijnlijk
voor, dat er ook bij HUYGENS iets meer dan
vriendfchappelijke genegenheid beftaan heeft,
en zelfs dat hij wel zoo veel in hare gunst
ftond als BARLÆUS. Deze laat zich hierover

L 5 niet

niet onduidelijk uit, in het vers aan HUY-
GENS, bl. 436, waarin hij van beider liefde
gewag maakt, en zich beklaagt, dat TESSEL-
SCHADE alles kan, behalve vrijen. Hij voor-
fpelt in het flot aan HUYGENS meer heil dan
aan hem zelven, niet zonder eenig gevoel van
fpijt; men hoore hem zelven.

CONSTANTINE, *tua est. Legit tua facra diesque*
    TESSELA, *carminibus relligiofa tuis.*
*Nos procul,à facris lituos & bella ducesque*
    *Scribimus, & diro charta cruore madet.*
*Vincis Eques peditem. Nostris tua culmina praestant.*
    *Et tua plus loculis perftrepit arca meis.*
*Nobilitas fponfam titulo meliore meretur.*
    *Noster amor nullis turget imaginibus.*
*Cedimus* HUGENI. *Nam cum Rex Iupiter ardet,*
    *Tempus erit minimos condere tela Deos.*

Waarfchijnlijk heeft het verfchil van Godsdienst de gewenschte gevolgen terug gehouden.

Uit HOOFTS *Brief*, No. 401, blijkt, dat
HUYGENS aan haar, gelijk aan de voornaamfte
dichters en kunstkenners, REAEL, BARLÆUS,
VONDEL en BAEK, zijne gedichten vóór de
uitgave ter lezing en herziening zond.

Het ftrekt mij tot een bijzonder genoegen,
te kunnen melden, dat de gedachtenis aan
                                    HUY-

HUYGENS eerlang waardiglijk zal verlevendigd
worden. Mijn Vriend RINSE KOOPMANS,
van wien wij zulke fchoone Redevoeringen
over CAMPHUYZEN en GYSBERT JAPIKS
ontvangen hebben, befteedt zijne fnipperuren
aan dezen zoo nuttigen als vermakelijken arbeid.
De eerfte Redevoering, waarin HUYGENS lot,
aanleg en karakter meesterlijk zijn gefchetst, is
reeds met toejuiching gehoord; die over
's mans' waarde als Dichter wordt met verlangen te gemoet gezien, en beide zullen zeker
aan de vereerders van onze oude Letterkunde
hoogst welkom zijn.

(47) Bl. 50.
Dit geheele Klinkdicht verdient lezing. Het
komt mij voor, dat TESSELSCHADE hetzelve
op gelijke maat en klank beantwoord heeft.
BARLÆUS fchreef ten minfte aan HUYGENS:
*Tessalæ mifi Tetrasthicon tuum, respondet
tetrasticho parafyllabico nec ineleganti; etiam
viduis fua bilis inest* (*).

(48) Bl. 50.
Deze verzameling begint in het tweede Deel
zij-

(*) BARLÆI *Epift.* 441. P. II. p. 668.

zijner *Poemata* , pag. 428—438. Ik zag mij
verlegen , hoe met deze verzen te handelen.
Over het algemeen vond ik in dezelve zulk een
warm gevoel en bijzondere hartelijkheid, dat
ik het niet van mij verkrijgen konde, om het
alleen bij een koud berigt te laten blijven. Ik
konde de Latijnfche verzen alleen geene plaats
inruimen , zonder onbefcheiden te zijn jegens
vele Lezers , die deze taal niet verftaan, en
beproefde derhalve om eene Nederduitfche vertaling of navolging van eenige der fraaifte te
vervaardigen , doch bevond mijne krachten te
ligt, en bleef te veel beneden de waarde, zoo
wel van den Dichter, als van het voorwerp.
Ik nam hierop een ftout befluit , en wendde
mij tot den Grootvorst der Poëten, den in dezen boven mijne loffpraak verhevenen BILDER-
DIJK.   Mijn vrijmoedig verzoek werd aange-
drongen met betoog, dat hij, door voor TES-
SELSCHADE en BARLÆUS zijne lier te ftemmen , den lust en het genoegen onzer Juffer-
fchap zoo wel, als den roem onzer Letterkunde zoude bevorderen.   Doch dit alles had waarfchijnlijk niet noodig geweest.   Hoe zwak,
hoe ziek van ligchaam hij was, zijn geest was
dadelijk werkzaam ; ik zag mij verrast met
meer vertalingen dan ik gevraagd had, en vond
                                        zij-

zijne heuschheid in dezen gelijk ftaande met zijne bekwaamheid. Nu verheug ik mij hartelijk,
de waarde van de verzen van BARLÆUS eenigzins te doen kennen, en verzoek den Lezer, de waarde van de niet geplaatfte te willen
beoordeelen naar hetgene men hier vermeld
vindt. Tevens reken ik het verders nog grooter genoegen voor mij, dan voor mijne Lezers, dat mijn werk met zulke keurige juweelen is opgefierd, en ga met lust over om van
deze verzameling een breed berigt te geven.

1°. Een vers ten geleide der afbeelding van
BARLÆUS.

AD HONESTISSIMAM & ERECTI
INGENII MATRONAM

## MARIAM TESSELSCHADE,

### V I D V A M.

TESSELA, *Thesfalicis non emutrita fub oris,*
  TESSELA, *Battaviae gloria prima tuae;*
TESSELA, *quae fexum ftudiis & moribus ornas,*
  *Atticus è placido cui fluit ore lepor;*
TESSELA, *cujus acus folertem vincit Arachnen,*
  TESSELA, *Apellaea pingere docta manu;*
TESSELA, *quae magni clarescis laudibus* HOOFDT,
  *Et* CONSTANTINO TESSELA *dicta meo;*

*Tessela, quae coelo poßes deducere Lunam,*
  *Et tetricos cantu demeruisse Deos;*
*Tessela, quae viduo recubas castissima lecto;*
  *Es procul à viduo vate remissa jaces:*
*Accipe Barlæi scriptos in imagine vultus,*
  *Istaque non ficti signa favoris habe.*
*Tu generosa, tuos si nolis mittere vultus,*
  *Quae toties mittis carmina, vultus erunt.*

Volgens de vertaling van Bilderdijk:

A A N

# TESSELSCHADE ROEMERS.

Tessel, die Thesſaaljes lauweren
  Naam noch bakermat ontleent,
Maar, de roem van uw Batouweren,
  Maagd'- en mannenlof vereent!
Tessel, van wier lieve lippen,
  Van Atheenſchen daauw beſproeid,
Geestig jok en kwikjens glippen,
  Heuſche boert en rondheid vloeit!
Die Arachne met de naalde,
  Xeuxis door 't penceel verwint;
Hoofts en Huygens lof behaalde;
  Goden aan uw toonen bindt!
Tessel, wier betoovrend zingen,
  Door geen hart te wederſtaan,

M A.

MAVORS-zelv' tot vreê zou dwingen,
    PHŒBE lokken uit heur baan!
Die de weduwlijke fponde
    Eenzaam drukt en zonder leed,
Spottend met geklag en wonde
    Van een' wakenden Poëet! (*)
Laat VAN BAERLES wezenstrekken,
    Afgeteekend op 't papier,
In dit beeld een blijk verftrekken
    Van het zuiverst vriendfchapsvier!
Mag uw beeld my niet gebeuren;
    Ieder versjen uit uw pen
Zal ik voor een *Beeldfel* keuren,
    Daar ik TESSEL in herken.

2° Een dichtftuk op haar kunstwerk:

IN DOMUM HORTUMQUE

# MARIÆ TESSELÆ.

*Lares diferti, Palladis facrarium,*
*Phoebi penates, omnis elegantiae,*
*Scientiaeque & artium capax domus,*
*Augusta fedes, Principum palatiis*
*Regumque longè regiis illustrior:*
*Tuque erudita & fenfibus dives tuis*

                          *Sal-*

(*) VAN BAERLE-zelven.

*Salve supellex pervenusta* TESSELÆ,
*Quam fecit ipsa. Sola qualem possidet,*
*Opum suarum mater, hospes, artifex.*

    *Vidi tabellas* TESSELÆ *pictas manu,*
*Psychen volantem, celsa Muydae moenia*
*Portusque & arces, eminentis* HOOFDII
*Celebres recessus.* TESSELÆ *textos manu*
*Vidi tapetas. Scripta* TESSELÆ *manu*
*Monumenta vidi, versa* TASSI *carmina,*
*Italúmque amores, quosque Vatibus suis*
*Modulos dicavit.* TESSELÆ *vidi chelyn,*
*Quam fidibus illa pulsat exactissimis,*
*Musisque sacrat. Pendulum vidi mare,*
*Marisque spolia, totque concharum ordines,*
*Quos illa doctè sedibus fixit suis,*
*Placidaque junxit dispares concordia,*

    *Te, Flora, vidi. Facta* TESSELÆ *manu*
*Hac aede fulges, sericáque discolor*
*In veste splendes. Ipsa miratur nothos*
*Natura fetus, aemulamque dexteram*
*Irata damnat, & potentis feminae*
*Stupescit ausu. Tuque pulcher Hortule,*
*Amoenitatum prome conde plurium,*
*Vbi flos superbum barbarus tollit caput,*
*Precioque plorat excidisse se suo,*
*Index magistrae es. Per gradus ivi tuos*
*Castumque juxta* TESSELÆ *sedi latus.*
*Hìc Cirrha, dixi, est. Hic Apollinis Claros,*

*Te-*

*Tenedosque furgit altera. Hic litmen fuum*
*Calcant Camoenae. Non tuos Semiramis*
*Veneramur hortos, quosque Phaeates colunt,*
*Agrisque Grajus ordinat feracibus.*
*Hic villa Superûm est. Hic vel ipfe Iupiter*
*Optet morari, uxoris immemor fuae.*
*Hic praecinentis* TESSELÆ *blandum melos*
*Attentus audit, &* DUARTÆ *vocibus*
*Captus, tremendi fulminis ponit faces.*
*Hic esfe cygnus, imber, aut taurus volet,*
*Nifi impudicos* TESSELA *horreret Deos.*
*Leander illic Sestiae velit loqui,*
*Thisbae procator Pyramus, Mars Cypridi,*
*Sappho Phaoni, Thefeoque Gnofia.*
*Nis cura, livor exulant penatibus,*
*Moerorque & ira, & quicquid infestum bonis,*
*Quicquid ferenis permolestum matribus,*
*Quicquid puellis noxium tenellulis,*
*Quicquid decoris inficetum Gratiis,*
*Quicquid modesto displicet vatum choro*
*Cupidinique. Caelitum falve domus,*
*Hominum voluptas, atrium modestiae,*
*Et lenitatis, & pudoris & bonae*
*Mentis facellum. Tuque custos fedula,*
*Domusque lumen & decus clarum tuae,*
*Quaè tanta nobis exhibes fpectacula,*
*Quae tanta nobis parturis miracula,*
*Quae docta nobis fcribis hic oracula,*
   *Favente coelo, vive, vive* TESSELA.

        M        Hier

Hiervan zond BILDERDIJK mij de volgende vertaling; had ik ze eerder gehad, ik zou ze zeker in de Redevoering hebben ingevlochten.

## OP TESSELSCHADES

## HUIS EN TUIN.

Kunstenzetel, Wijsheidsdrempel,
Phœbus haardsteê, Pallas tempel;
  Heiligdom vol achtbaarheid;
  En Paleis vol majesteit,
Dat in luister Vorstenhoven,
Koningszalen, kunt verdoven,
  En de rijkste bloem omvat,
  Bet van geest- en letterschat!
Neem mijn tederst hartengroetjen!
En, gy, kunstig, zinrijk goedtjen,
  Boêltjen, voor geen goud gekocht,
  Maar door TESSELS hand gewrocht,
TESSEL! schepster van die schoonheid,
Die haar zinlijk huis ten toon spreidt;
  Daar haar ziel zich in onthaalt,
  En haar geest te rug uit straalt!


'k Mocht aan TESSELS schilderyen
Mijn betooverde oogen wijen;
  Psyche zag ik in de lucht,
  Op haar bonte vlindervlucht:

                    'k Zag

'k Zag de Muyder torentranfen,
Havenmond, en waterfchanfen.
   Waar de nooitgelijkbre HOOFT
   Zich het ftadgewoel ontroost.
'k Zag tapijten, die zy weefde,
Waar het fchoonst' gebloemt' in leefde.
   'k Zag haar Dichten, Godenval,
   Die geen tijd verknagen zal.
'k Zag haar TASSOOS ftoute tonen
In haar Duitfche maat verfchonen;
   En Italjes minnelust
   Heiligen aan Hollands kuss.
'k Zag de logge Ganzenpennen
In haar hand het oog ontrennen
   Op den doolhof van 't papier,
   In geftrikten Letterzwier.
'k Zag het broze glas der bekeren
Haar der Eeuwigheid verzekeren
   Door het oogverbijftrend fchrift
   Van haar diamanten ftift.
'k Zag haar hand de Cyther grijpen,
't Trillend koper kunftig nijpen;
   En der Zanggodinnen rij
   Hupplen op haar melody.
'k Zag gehorent' en koralen
In festoen en kranfen pralen,
   En haar hand een Krijgstrofee
   Stichten van den roof der zee;

M 2               En

En op 't keurigste verbonden,
Wat verdeelde stranden zonden.


'k Zag ook u, ô Zéfyrs bruid!
. Hier, hier blinkt gy schittrend uit,
In de rijkste pracht van verven,
Die geen nachtrijp doet versterven.
  Hier! in 't blinkende satijn,
  Fier op eigen' zonneschijn!
Zie by dees onechte blommen
Moeder Aard van spijt verstommen,
  En haar Mededingsters hand
  Nijdig aanzien, als vermand.
En gy, Tuintjen, welig Eden;
Lusthof vol aanminnigheden;
  Waar, aan vreemden grond ontscheurd,
  't Bloemtjen zich ten hemel beurt,
Maar, de zeldzaamheid beweenend
Aan zijn schoonheid prijs verleenend,
  Minder trots en moedig prijkt!
  Die uw Kweekster zoo gelijkt!
'k Mocht my in uw paân verlusten;
Hier aan TESSELS zijde rusten;
  En, van zaligheên doorstroomd,
  Mijmren in uw frisch geboomt'.
Hier, hier (riep ik, opgetogen),
Hier staat Cirrha voor mijne oogen!

                                        Hier

Hier is Claros, ſtroomend vol
Van de Godheid van Apol!
Hier verheffen zich geen tuinen,
Maar Ceſizus lauwerkruinen;
En een tweede Tenedos
Rijst in 't gindſche myrthenbosch!
Dit's de grond der Pierieden,
Daar zy ſtaâge Lent gebieden!
Weg, Asſyriſche Vorſtin,
Met uw groene wandeltin.
Weg, Feaken, met uw hoven,
Die de Griekſche Lier mocht loven!
Dit's de Lustplaats van de Goôn.
Hier wenscht Jupiter zijn' throon,
Hier zijn hemelkoets te ruilen
Om in dit prieel te ſchuilen.
Hier, hier luistert hy verrukt
Naar den ſnaar die TESSEL drukt;
Naar het zieldoordringend orgel
Van haar Filomeelengorgel,
Dat het boventoontjen ſtelt,
Waar DUARTES keel in ſmelt;
En verwonnen, zuchtend, teder,
Legt hy ſtaf en blikſem neder,
En, het hart van lust verſmacht,
Wenscht hy naar de ſtierenvacht,
Naar den gouden pegelregen,
Op 't Argivisch ſlot gezegen,

M 3

Of

Of Eurotas zwanenpluis:
Waar flechts TESSEL minder kuisch!
Hier zou de Abydener hijgen,
In zijn Heroos arm te zijgen;
Pyramus, naar Thisbes borst
Tintelen van minnedorst;
Hier fmolt Mavors van verlangen,
Om Diones fchoot te prangen;
Hier waar Saffo niet weêrſtaan;
Gnosfus vluchtling, niet verraân!


Hier zijn zorg en nijd verbannen;
Hier, de neep der zielstyrannen;
Hier, wat braaf- wat blankheid krenkt;
Waar de deugd een' traan om plengt;
Wat een' Moedersſchroom zou wraken,
Blosjens jaagt op Onfchulds kaken;
Wat der ſrits Bevalligheên
Zouteloos of dartel fchoen;
Wat eene eerbre Lier onteerde,
Of een kuifche vlam verneêrde.


Wees gegroet, kapel der deugd;
Godenweilust, ſtervlingsvreugd;
Gallery van reine zeden;
Praalhof van uitmuntendheden;

Wo-

Woning dier zachtmoedigheid,
Die haar pad met rozen fpreidt;
Schatpaleis van zegeningen;
Aardsch verblijf van hemellingen!
En gy, wachtfter van dit Choor,
Zelv uws Tempels glans en gloor;
Die ons zoo veel wonders baarde,
Zoo veel wonders in u gaârde,
Ons op zoo veel kunst onthaalt:
TESSEL! leef, van heil omftraald!

3°. Op festoenen en fieraden, op den Huize te *Muiden* opgehangen. Een niet min fraai gedicht op dezelfde zaken in de Latijnfche taal, als ik in de Nederduitfche in de Redevoering heb ingeweven, en later bij N°. 53 zal gedenken.

4°. Een puntdicht aan TESSELSCHADE, op een reisje, bij onftuimige zee.

5°. Een puntdicht aan dezelve, bij ftil weder. Beide zeer aardig. Op deze reis zijn ook vele verzen bij HUYGENS, in de *Momenta defultoria.*

6°. Op de borst van gitte; van welke nader bij Noot N°. 67.

7°. Een puntdicht op TESSELSCHADE, bij het al zingende befpelen van een Kerkorgel.

8°. Het puntdicht tot lof van het vereenigd

M 4 ge-

gezang van TESSELSCHADE en FRANCISCA
DUARTE, door mij bij de Redevoering over
*HOOFT's Brieven* medegedeeld, bl. 120.

9°. Op TESSELSCHADE, te paard rijdende.
Zeer bevallig en vrolijk.

10°. Aan HUYGENS, over het vers van
TESSELSCHADE op eene fchaduw; hetwelk
ons het verlies van dit dichtftuk zeer doet be-
treuren.

11°. Het vers op het verlies van haar oog,
waarvan nader bij N°. 55.

12°. Het vers aan HUYGENS, waarvan reeds
melding is gemaakt in N°. 46.

13°. Aan TESSELSCHADE, bij het zenden
van aardbeziën.

14°. Aan HUYGENS, flapende onder de flaap-
kamer van TESSELSCHADE. Beide vrolijk en
bevallig.

Verders is er nog veel tot lof van TESSEL-
SCHADE, in andere gedichten van hem aan
den Drosfaard, deszelfs Echtgenoote en Dochters, aan ANNA VAN TRESLONG enz. verfpreid; dan ik moet dit, zoo wel als hetgene
in zijne Brieven haar aangaande te vinden is,
om niet al te wijdloopig te worden, voorbijgaan.

Misfchien rijst wel bij iemand, op het zien
van deze Latijnfche verzen van BARLÆUS en
die

die van HUYGENS, de vraag : heeft TESSEL-
SCHADE die taal gekend? Bijna zoude ik
hebben durven verzekeren van ja, zoo omdat
toen de beoefening van dezelve zoo algemeen
was, de Italiaanfche zoo na met dezelve in ver-
band ftond, en hare Vrienden haar zoo veel in
het Latijn bezongen. Ik heb reden van twijfel
gevonden in een' brief van HOOFT, N°. 500,
alwaar hij, bij het inweven van twee Latijnfche versjes, haar verwijst, om opheldering of
uitlegging van den Arts PAUW te vragen; ook
door dat BARLÆUS, die fomtijds had ftaande
gehouden dat TESSELSCHADE tooveren konde,
bij het zenden van zijne Redevoering: *de Coeli
admirandis* , (*over de wonderen des Hemels*)
van haar tot antwoord ontving:

Thesfaliaanfche kunft, om 't Maenlicht te doen dalen
    Door fneege fchranderheydt, in TESSELSCHAE noyt viel.
Maar ghy kunt op der Aerd den heelen Hemel halen,
    En ftaende houden met een wonderkracht der ziel.
Wout ghy den treck van die Carakters doen vertalen,
    Licht of ick mee wat lichts van 't Hooge Huys onthiel. (*)

Het is mij een bijzonder genoegen, aan de
beminnaars onzer Letterkundige Gefchiedenis,
ZOO

(*) *Verfch. Ged.* 1653. bl. 31.

M 5

zoo wel aangaande BARLÆUS, als wegens HUYGENS, een aangenaam berigt te geven. Mijne klagt bij de eerfte Redevoering, dat men geene Lofrede op BARLÆUS konde aanwijzen, heeft ten gevolge gehad, dat de Heer ABRAHAM HEEMSKERK, in eene fchoone Redevoering, in de Maatfchappij *Concordiâ et Libertate* uitgefproken, BARLÆUS *als Menfch en als Dichter* heeft befchouwd, en dezen uit de getuigenisfen van de voornaamfte Geleerden heeft verdedigd tegen den fcherpen aanval van den beroemden FRANCIUS, die BARLÆUS bij CLAUDIANUS vergelijkt, en denzelven, om gemeend valfch vernuft en brommenden wildzang, niet onder de Latijnfche Dichters van name ftelt. Wordt dit onderzoek voortgezet en deze Redevoering in het licht gegeven, de eer onzer Letterkunde zoo wel, als die van BARLÆUS en den Schrijver, zal er bij winnen.

(49) Bl. 54.

Bij de muilen werden ook achtergelatene pluimen overgezonden. HOOFT fchreef (Br. 381.) er bij: *Die veeren koomen hier nevens over waayen. Bruin zijn ze, en, zoo ik denk, uit de wieken van dat helsch Engeltjen, de*
*Min,*

*Min, getrokken: en dat het jonxken in flaap
gezongen moest weezen, eer 't zich zoo ontplui-
men liet.*

(50) Bl. 55.

Dit versje heb ik in geene der uitgegevene
werken van HUYGENS gevonden ; het is geplaatst in de verzameling, getiteld : *Verfcheidene Gedichten*, 1653, bl. 37, en luidt als
volgt :

### D E  E.  H E E R
### C.  H U Y G E N S,

*By de Poeeten op het Huys te* Muyden *vergastende,
en tusfchen de fchrandre* TESSELSCHADE *en
Juffr. ........ zittende, maekte op haer
diepzinnigh redeneeren en wijsfelijk ant-
woorden dit Gedicht.*

Verleyder van Gods volck! die tusfchen fteen en fteen
Begraven leght en fweeft; nu vat ick eerst de reên
Van uw fwaer ongeval. Twee fprekende Magneeten,
Twee Weeuwen, fchoon om fchoonst, wijs om wijs,
    doen 't my weeten.
Mijn logger geest als ghy, mijn fwaerder fiel als 't ftael
Daer uw geraemt in drijft, gaet twijfflen als een fchael,
Die gins en weder wipt en niet en weet wat kiefen.
In 't eynde fterft haer drift, foo voel ick my verliefen
                      Mijn

Mijn gins en weer en gins en weer verloofde macht.

Daer hang ik tusfchen tween in 't keureloos gebragt,
Begraven in my felf, en hoope my te roeren,
En hoop het niet te doen. Waer fijt ghy, *Muyder* Boeren!

Die naer de ftale kist uw leven hebt gewenscht?

Verfchoont u van de reys. Hier is het ftael vermenscht,
Hier is het lijk het graf, hier winnen 't de Magneeten
Van *Meccas* grauwen fteen. Men laet een yder weeten:

Dat binnen *Muyden* hangt voor dood en deed zijn woord
Een Christen MAHOMETH!      —

D'een feg 't den andren voort.

Hoe donker *der Juffren Antwoord* ook fchijne, ik moet het nu wel laten volgen; het is getiteld: *Steenen*.

Dat foete kermen en dat aengenaeme klaegen
     Kan yder niet verdraghen,
Dan wy, die dat verftaen, gelijk het werd gefeydt
     Met fprekend onbefcheydt.
O grondeloos vernuft! laet u geen tongh verwijten
     Het tweede rouwverflijten;
Wie keur heeft die heeft anghst, nu hebdy geen van tween,
     En echter niet te vreen
Met de verheven fwier van 't ongevallig wezen,
     Wy kunnen u genefen
Van gins en wederdrift, ten fy ghy u vertast;
     Uw twijfel houdt u vast.

*On-*

*Onvastaerdt* (\*) weert u niet: de beste keur van allen
Die foud' u ftraks doen vallen.

O nimmer vals Propheet! houdt ghy u in 't gewicht,
Wy houden u van d'aerdt en van het Hemellicht.

## (51) Bl. 55.

TESSELSCHADE vereerde de Koningin bij
deze komst te *Amfterdam* met een dichtftukje
in de Italiaanfche taal, hetwelk bij VAN BE-
VERWYCK is bewaard gebleven en aldus luidt:

## IN HONORE

### DELLA CHRISTIANISSIMA REGINA

# MARIA DE MEDICI.

#### ALLA ENTRATA SUA FELICE
#### NELLA CITTA

### D'AMSTERODAMO.

*Qual per le terre Phrygie, gia beata*
*Si vidde andar la Madre delli Dei;*
*Tal per Ollanda pasfi hor adorata,*
MARIA *Augusta: Augusta piu di lei,*
*Quanto di piu gran Genitori nata*
*Di veri numi il fecol nostro bei.*

*Aggradi alta Regina i basfi honori.*
*Che cofi fuole il Ciel, mirando a i cuori.*

(\*) Zinfpeling op HUYGENS Zinfpreuk *Conftanter*, vanwaar
hij dikwijls in ernftige verzen *Vasterdt* genoemd werd.

## (52) Bl. 56.

HUYGENS verhief eens hare zangkunst te
gelijk met hare zedigheid.

Wat feght ghy, TESSEL! die van 't hooft tot aen de fchoenen
  Verftant en reden zijt, die ick foo veel betrouw,
  Dat ick, wat u mishaegt, voor onbevallig houw,
Dat ik toon toonsgenoot en fnaer op fnaer gefpannen
Mijn oor betrekken laet, omdatfe 't uw vermannen;
  Wat feght ghy van den aert van menfchen, die noch fmaer
  Noch keelwerck meer en fmaeckt, dan of het houtskool waer?
Wat feght ghy van uw luyt, uw boogh, en uw clauwieren,
Die uw thien vingeren foo weten te beftieren,
  Dat, waer ick meester van thien finnen tot de vijf,
  Zy roerden in my om het mergh van ziel en lijf;
Is 't walgelijck gerecht, is 't voedfel om vermuylen?
Ghy fchrikt van eighen lof met eighen lof te vuylen.
  Ghy weet het, maer uw deught waer ondeught en wat meer
  Soo fy maer fcheen de prijs te weeten van haer eer. (*)

## (53) Bl. 58.

Op het festoen van herfstvruchten fchreef hij:

     Ziet met aendacht dit Festoen,
     Dat alleen geen enckle zoen,
     Maer meer kusjes waerdig is,
    Als 'er blaên ftaen fchoon en fris.

                         Die

(*) *Korenbloemen*, bl. 529.

Die de handt gevlochten heeft
Van de zoetſte, die daer leeft.
Dit zijn wondren van onz' eeuw,
Dat een ongepaerde Weeu
Rontsom aen een geestich liſt
Goden en Godinnen bint,
Die zy met haer kruyt en lof
Ruckt van buyten uyt den hof,
En doet hangen op haer glans
In de Zalen aen een krans.

   Ziet POMONA, ſchoon van blos,
Ziet hier BACCHUS met zijn tros,
CERES en AUTUMNUS ſchoon,
Hangen hier als in een troon.
Kruyden wilt en tam van aert
Proncken naer de kunst gepaert.
Vruchten elck met haer coleur
Ziet men flick'ren in haer fleur.
Zonder ymandts nijdt en hoon
Staen zy nevens een ten toon.

   Elck een lacht de Joffrou aen,
Waer door zy dus vrolijck ſtaen,
En de kruytjens, dus geplant,
Spreecken van haer groot verſtant.
Als ick alles zie en merck,
Spreeck ick: dit is TESSELs werck.
Zeecker, die de Goden kan
Brengen in ſoo ſchoon geſpan,

                                        Die

Die Godinnen bint aen 't touw,
Heeft verdient der Goden trouw. (*)

(54) Bl. 59.

Dit bleek vooral door dat dezelve TESSEL-
SCHADES dood bezong in het volgend Lijk-
of Grafdicht:

Dit Graf, begunftight door den Doodt,
Befluyt een Vrouw, die op den fchoot
Der Wijsheyt is gevoedt geweest,
En daerom had den grootsten geest
En hersfens fonder wedergae;
Dees was MARIA TESSELSCHAE,
Een fchouwtoonneel daer alle konst
Sich toonde in een volle gonst;
Een Vrouw, wier konfte Vrouw Natuur
Omhelsde als haer naghebuur;
Wier Roemgalm blies de nijt vol angst;
't Was ROEMERS.roem, 't was VISSCHERS vangst;
't Was meer als ik getuygen kan;
Het ganfche landt getuyght er van,
Ey Lezer vraeght het my niet af;
Maer als ghy weggaet van dit graf,
Onthout den naem van TESSELSCHAE,
En vraeght er alle geesten nae;

En

(*) *Klioos Kraam*, D. I. bl. 237. *Verfch. Ged.* 1653. bl. 20.

En foo ghy die nog niet gelooft,
Soo vraeght den levenloozen HOOFT,
Wiens geest foo dikwijls heeft gefpeeld
Met konften van haer geest geteeld.
En daerom is ook HOOFT geweest
Hooft-roemer van haer grooten geest.
Vraeght dan nog de bedrukte blaen,
Hoe druk des drukkers pers moest gaen,
Doe HUYGENS pen aen haer verftant
Gaf letter-lof; vraeght aen haer handt
En naeld en pen en ftem en keel
En diamanten en penceel;
Elk zal de konst van die hier leydt
Toewijzen de onfterflijkheyt. (*)

(55) Bl. 59.

Dit ongeluk viel voor in het begin van 1642, en niet in 1645, zoo als door eene drukfeil in de Redevoering is gemeld. Dit bleek mij uit den brief van BARLÆUS aan WICQUEFORT van 10 Maart 1642, waarbij hij aan denzelven het dichtftuk over deze ramp, *op deszelfs aanraden* vervaardigd, toezendt. HOOFT had reeds zijne goedkeuring er over te kennen gegeven. BARLÆUS verzocht tevens, hetzelve aan HUYGENS, en zoo mogelijk ook aan CATS, te laten lezen.

Het-

(*) *Klioos Kraam*, II. bl. 113.

N

Hetzelve is geplaatst bij zijne *Poëmata*, P. II.
p. 434, en is van den volgenden inhoud:

IN LÆSUM, GRANDI INFORTUNIO, IN
FABRILI OFFICINA SINISTRUM

## T E S S E L Æ

### O C E L L U M.

*Ocelle, viduis imperans ocellulis,*
*Ocelle, facris annuens facellulis,*
*Devotionis facula & hospes candidi*
*Animique nullum vellicantis fcrinium;*
*Ocelle vatum, cujus ad nutum ciet*
*Helicona totum Muyda,* BARLÆUS *canit,*
*Zulechemus aulas principesque posthabet;*
*Ocelle pellax, blande, mitis, innocens,*
*Et fastuofi nesciens fupercili :*
   *Quis te mifelle laedere & caliginem*
*Inferre Soli & nocte gestiit diem,*
*Lumenque tantum coecitate condere ?*
*Megaera qualis, qualis Alecto tuis*
*Ferale ocellis fubdidit trux fcandalum ?*
*Num nuda Pallas vifa* TESSELÆ *fuit ?*
*Aut hanc Lycurgum credidit Thrax barbarus ?*
*An lumina omnes* TESSELÆ *invident meae,*
*Ob invidendum carminis Diis melos ?*
*An coeca cogitare quiddam grandius*
*Sublimiusque posfit ingens* TESSELA ?

*Num*

*Num Veneris almae* TESSELA *esse vis puer?*
*Vt defocula vos amicos respuas?*

  *Ocelle, tabo & pure stillans lurido,*
*Ocelle, circum discolor, pupillulis*
*Horrescis intus improbè rubentibus,*
*Cruorque lenes crudus inficit genas.*
*Tument iniquis palpebrae fastigiis,*
*Doletque pars, sueta gaudiis dari.*

  *Hoc* TESSELA *esse sponsa vultu non potes.*
*Hac fronte Divûm moesta mensas despicis.*
*Sic ambulare, sic jocarier caves.*
*Sic cellularia & domesticis tuis*
*Testudo lenta diceris, numen latens,*
*Auremque patiens fabulis donas meis.*

  *Ne, Phoebe, specta* TESSELAM, *dispar sibi est.*
*Ne* TESSELAM, HOOFDI, *crede, non est* TESSELA.
*Ne, candor, intuere* TESSELAM, *rubet.*
*Ne crede, probitas,* TESSELAM, *nam livida est.*
*Nil dic poëta* TESSELÆ, *loqui timet.*

  *Crudele ferrum, quod tenebrosum specus*
*Te genuit orbi? quis nocentior faber*
*Telluris altae te refodit è sinu?*
*Vt innocenti vulnus inferres Deae,*
*Et hos ocellos, queis superbit Almeris,*
*Superbit Ya, & potor Amstelae frequens,*
*Queis lecta* TASSI *pagina est, scripti sales,*
*Pictae tabellae, floribus datus nitor,*
*Conchis figura, sculptus in vitris amor,*

     *Foe.*

*Foedaret ictus? Nullá te posthac manus*
*Tangat nefandum. Nullus his incudibus*
*Sudet Pyracmon. Semper erret ictibus*
*Fallatque nudum membra Bronten malleus.*
*Erravit hic in* TESSELA, *& non noxiam*
*Fecit nocentem. Collabascit* TESSELA,
*Humumque mordet Dis propinqua femina.*

*Tristes tenebrae Vesperaeque flebiles,*
*Quid meruit infons* TESSELA? *excors Cynthia*
*Cur distulisti tunc praeire* TESSELÆ,
*Nostræque lumen commodare Palladi?*
*Cur occidisti, praescius discriminis,*
*Festine Titan? nulla cur in atrium*
*Se stella praeceps fudit? ecquid Hespere,*
*Et tu Dione tuque tardior Venus,*
*Tui furoris negligis poëtriam?*

*Expugne fastis, scriptor annorum diem.*
*Hunc adde cannis Alliaeque casibus,*
*Fabrile ferietur hoc die genus,*
*Non aera Steropes fundat aut flectat manu,*
*Non flamma ferro serviat, nec lancibus*
*Statera constet, quae fefellit* TESSELAM.

*Plorent ocelli, queis amatis Virgines.*
*Plorent ocelli, queis amatis conjuges.*
*Plorent ocelli, queis procamini viri.*
*Plorent ocelli, queis jocamini vates.*
*Ploremus omnes. Quippe mitis* TESSELÆ
*Dolente ocello, ocelluli cunctis dolent,*

De

De keurige vertaling, door BILDERDIJK mij gefchonken, zal zeker door een ieder als het grootst fieraad van mijn werk worden aangemerkt. Hij fchreef er bij: „ Het vers op het „ *oog* is eene *Paraphrafe*; ik kom er voor „ uit, dat ik er geene *vertaling* in het Neder- „ duitsch van geven kan, die 't naïve en een- „ voudige met de fierlijke rijkheid en warmte „ van het Latijnfche vereenigt."

## O P  H E T  O O G
### V A N
## TESSELSCHADE ROEMERS,
DOOR EENE AFSPRINGENDE VONK UIT EEN' SMIDSWINKEL GETROFFEN.

Oogjen, dat aan 's jonglings oogen,
Door de fchoonheid aangetogen,
  Liefde met ontzag gebiedt!
Heilig oogjen, dat geen wenken
Aan onheiligheên kunt fchenken,
  Maar op kruis en outer ziet!
Godsdiensttoortsjen, in wiens flikkeren
Blanke deugd en eenvoud blikkeren,
  Zonder angel, zonder plooi!
Dichtrenoogjen, op wiens lonken
Heel Parnas by een koomt honken.
  In den *Muyder* Dichtrenkooi!

Dat

Dat VAN BAERLES Luit doet zwéeten,
HUYGENS, Hof en Prins vergeten;
   En, van dwang en preutsheid vreemd,
Altijd argloos en omoozel,
Aan geen vriendelijk gekozel
   Hartelijk vertrouwen neemt!


Wie, mijn oogjen, heeft uw blinken
Dus in 't duifter weg doen zinken
   En uw' dag verkeerd in nacht?
Wie, ja wie der Helfche Vloeken,
Opgedaagd uit PLUTOOS hoeken,
   U om al uw glans gebracht?
Wat beleediging van Goden,
Of wat aanzien, zoo verboden,
   Oogjenlief, benam u 't licht?
Hebt gy PALLAS naakt zien baden? (*)
Moest de Nijd mijn TESSEL fchaden
   Om haar ongelijkbaar Dicht? (†)
Of moet TESSELS geestvermogen
Nog, ten koste van haar oogen,
   Hooger ftijgen uit het oog? (§)

                                        Moet

(*) Als TIREZIAS, daarom blind geworden. Zie KALLI-
MACHUS, op MINERVES waschfeest.

(†) Als de Dichter THAMYRIS, en anderen.

(§) Met dit oogmérk blindde DEMOCRITUS zich-zelven.

Moet zy VENUS kar verzellen,
Om haar vriendenstoet te kwellen
   Met KUPIDOOS pijl en boog?


Oogjen, nu met bloed bedropen;
Nu met etter. overloopen,
   Die de zachte wang bedekt!
Ach! wat wonden, vlekken, builen,
Die des wenkbraauws rand ontpuilen,
   Lood- en purperblaauw geplekt!
Ach! wat smarten moet gy lijden,
Die ons allen kost verblijden!
   Oogjen, nooit genoeg beklaagd.
Wie zal TESSEL thands geleiden
Om de vreugdekoets te spreiden;
   Daar voor haar geen vreugd meer daagt!
Neen, zy mag zich niet vermeien;
Schuwt het lachen, boerten, reien,
   Aan heur kluisjen vastgetrouwd:
Blijft, als Godsbeeld op de altaren,
Met geduld haar cel bewaren,
   En vernoegt zich met mijn' kout.


Wien, wien zoekt gy, TESSELS vrinden?
TESSEL is hier niet te vinden. —
   PHŒBUS! PHŒBUS! zie niet neêr!
         N 4                          Dros-

Drosſaart! (*) Dichter! (†) past te zwijgen!
Lonk noch andwoord moogt gy krijgen:
TESSEL is geen TESSEL meer. —
Blanke Trouw, waar ziet gy henen?
TESSELS blankheid is verdwenen,
Ze is haar lelyluiſter kwijt! —
Blanke Oprechtheid zonder vlekken!
Die u mocht ten beeld verſtrekken,
Loodverf maakt haar 't beeld der Nijd!


Gruwzaam ijzer! in wat holen,
Diep in 's afgronds nacht verſcholen,
Hebt gy 's Aardrijks ſchoot bevracht?
En, door wat nog gruwbrer handen
Werdt gy uit haar ingewanden
In den hellen dag gebracht? —
In den dag! — Wie kan 't gelooven!
Om den dag aan Haar te ontrooven
Door een' ſpat van uw metaal!
Om die oogen uit te wroeten,
Die en *IJ* en *Aemſtel* groetten
Als haar allerhoogſten praal!
Oogen, meer dan Godlijke oogen,
Waar *Noordholland* op mocht bogen
In haar Hoofd- en Pronkſtaalſtad!

Oo-

(*) HOOFT.
(†) VAN BAERLE-zelf, of HUYGENS misſchien.

Oogen, die geen misdrijf fmette,
Maar het nijdig Lot verplette,
   Dat geene Onfchuld ooit verbâd!
Oogen, die het doek bezielden!
Zich met TASSO onderhielden!
   Bloemen fchiepen, rijk van zwier!
't Broze glas met Minnewichtjens,
't Wit papier met Zinnedichtjens,
   't Hart vervulden met hun vier! —


Gruwzaam ijzer! wees verwaten!
Moog hem aard en hemel haten,
   Die u aanroert na dees dag! —
Dat geen Etnaas vlammenftoker
U genake met zijn' moker!
   Vonk doe geven op zijn' flag! —
Ja, laat dees uw vloek hen treffen,
Die op u den hamer heffen;
   En den hamer in hun vuist!
Laat zy de uitgefpannen leden
In de lucht te barften fmeden,
   Dat er 't bloed by neder ruischt!


Droeve blindheid, aaklig donker,
Nacht, ontbloot van ftargeflonker!
      N 5              Wat

Wat heeft TESSEL u verdiend?
Wat weêrhield DIAAN, daar boven,
Meê haar fakkel uit te doven,
   Aan haar zuiverheid bevriend? —
Waarom dookt gy in de kimmen,
(Gy voorzaagt het by uw klimmen)
   TITAN? waarom niet getoefd? —
Waarom zag men, by het steigeren,
Niet één hemelstar zich weigeren,
   Of bezwijken als bedroefd? —
Gy vooral, ô Heirspitsleider,
Gy der starren spoorbereider,
   HESPERUS! — En gy, DIOON,
Gy de traagste van de benden!
Liet gy dus uw TESSEL schenden!
   Gy, bezielster van haar toon!


Jaarboekschrijver! laat uw bladen
Nooit dien zwarten dag verraden,
   Nimmer noemen! schrap hem uit!
Stel hem by de jammerdagen
Van oud-Romens nederlagen,
   Aan der Eeuwen vloek ten buit! —
Zij hy steeds met schrik geteekend!
't Menschdom tot een' vloek gerekend,
   Die der hand het werk ontzegt!

                         Zie

Zie hy erts noch koper vloeien,
Vlam noch vonk den haard ontgloeien!
  Ruste waag (\*) en bondelrecht! (†)


Maagdenoogjens! smoort uw vonken;
't Zij gy Minnaars aan moogt lonken,
  't Zij gy Echte vlammen schiet!
En gy oogen, welker stralen
Naar de Maagdenboezems talen,
  Smelt in tranen weg en vliet! —
Gy vooral, ô Dichtrenoogen,
Met een' treurwalm overtogen,
  Tintelt thands van scherts noch boert!
Schreit! — Daar TESSELS oogjens kwijnen,
Wordt ons, in de wreedste pijnen,
  De appel van ons oog ontvoerd.


(56) Bl. 59.

*Oogentroost.* — Bij het stellen en uitspre-
ken van de Redevoering had ik, door dat dit
Dichtstuk door HUYGENS met het opschrift,
*Aen eene bejaerde Maeghd*, is voorzien, hetzelve beschouwd, als niet tot TESSELSCHADE
betrekkelijk. Een mijner ijverigste Vrienden
                           zond

(\*) De Vierschaar.
(†) De Burgerlijke Regeering.

zond mij een' afzonderlijken druk van hetzelve, in
1647 bij de ELZEVIERS te *Leyden* met Privi-
legie uitgegeven. Dit boekje is afkomftig uit
eene aanzienlijke Dordtfche Familie, en fchijnt
een prezent-exemplaar geweest te zijn. Voorin
ftaat gefchreven, met eene oude loopende hand:
*nicht maria tesfelfcha falgr overleet den* 20
*Juny* 1649. *Requiescat in pace.* En dit,
gevoegd bij. eene aandachtige herlezing, alsmede bij hetgene zij zelve, over de poging
van HUYGENS bij hare ramp, aan BARLÆUS
fchreef, ftelt het bij mij buiten allen twijfel,
dat TESSELSCHADE hierbij met den naam van
*Parthenine* is bedoeld.

Het zoude zoo wel met mijnen pligt als met
mijnen lust overeenkomen, om, daar dit vers
een der fchoonfte dichtftukken is, aan eene der
Zusteren gezonden, hetzelve in zijn geheel mede te deelen; dan de uitgeftrektheid houdt mij
hiervan terug. Ik ken geen werk van HUYGENS,
hetwelk over 't algemeen hechter en fcherper
van redenering is, en waarin hij meer met zijne
verbazende geleerdheid fchittert. In een Latijnsch versje tot voorberigt erkent hij zelf, dat
hij voor hen, die het Nederduitsch niet verftaan, gezorgd heeft in de noten, door het
bijbrengen van plaatfen uit de Gewijde Schriften,
en

en uit Latijnſche , Griekſche en Oosterſche Schrijvers (*).

Moeijelijk is het tevens, door een uittrekſel, zulk een krachtig dichtſtuk eenigzins naar waarde te leeren kennen. Het volgende diene ter aanſporing om het in zijn geheel te lezen.

HUYGENS begint:

Verdenck den Dichter niet, die dezen Rijm beleidt;
  Hy heeft u van der jeughd met ydel' vrolickheid,
Met jock voor jock bericht, en 't docht hem in die jaeren,
Dat woorden ſonder ſout en lacchen Susters waren,
  En 't docht u even ſoo. Nu weten Ghy en Hy
  Het ſuer en 't ſoet geſicht te ſtellen naer het ſy.
Naer 't nu is, voegt ons 't ſuer; maer tuſſchen 't ſuer en 't ſuere
Valt keurig onderſcheid; D'ellendigh avond-uere,
  Daer God ons mede dreight, vereiſcht een amper ſoet,
  Een ſtaetigh ſuer gelaet van ooghen en gemoet.

Als

(*) *Si tamen haec aliquis vultu dignare ſereno ,*
      *Cui Patriae non ſit patria lingua meae:*
      *Est ubi divertas , est quae delectet euntem*
      *Si piget ignoto flumine , ripa decens.*
    *Invenies illic lapides Oriente petitos ,*
      *Liliaque Argivis Itala miſta roſis:*
    *Guſtabis ſubducta ſacris , extorta profanis*
      *Non nova conſenſu fercula grata novo:*
    *Ut male conſutae pretium det fimbria veſti*
      *Ut , ſi diſpliciant ἔργα, πάρεργον ames.*

Als 't kind geflagen werdt, betaemt hem eens te zuchten;
Maer knorr en kijven fijn ontijdighe geruchten,
  Die noch een nieuwe roey verdienen van de hand,
  Die d' eerfte geesfel gaf aen fijn geliefde pand.
Des Pottebackers wil is meester van fijn' aerde.
Misbruyckt hy 't aerden vat tot dienften van onwaerde;
  Wat reden heeft het vat te feggen, waerom dus?
  Waerom en ben ick niet foo kostelijck als flus?
Verftae my, aerdigh vat, vol allerhande deughden!
God heeft u van een kley, die oor en oogh verheugden,
  Voordachtelijck gemaeckt. Nu lust hem van die kley
  Wat aerdighs af te doen.  Denck of de Schepper fei:
Schoon aerde wordt tot aerd; wat ftaet u toe te feggen?
Waermede meent het kind de macht te wederleggen
  Van 's Vaders wijs beftier? wat reden heeft een worm
  Te klagen: Ben ick ook gegoten in Gods vorm?
Waerom vertreedt hy my? Leer fuchtende belijden,
Dat hem de roê toekomt en u de fchuld van 't lijden.
  En of 't u erger ging, 't vat heeft geen woord in 't vat,
  Om feggen, waerom doet de Pottebacker dat?

Hierop gaat HUYGENS over ten betooge,
dat hij gefchikt was om haar te troosten, door-
dien ook een zijner oogen, waarmede hij den
kost moest winnen, mat en dof was, en zegt
verder:

Nu hebben Ghy en Ick de weereld uytgelezen;
Wat dunckt u, fou 't voor ons al heel ontijdigh wefen
                                        Het

Het boek eens toe te flaen, en maeckten op den Text,
Op 's menfchen allerwijst, dat is op 't allergekst;
Ons blindeling fermoen, ons ooghenloos bedencken?
Sou niet des Hemels gunst ons hebben willen krencken;
Om binnewaerts te fien, en met de ramen toe,
Der ftormen en 't gerucht der ftraeten even moe,
Ons goedtjen te overflaen, en onfe drooghe Lampen
Van Olie te voorfien, om of de Bruygom quamp en
's Middernachtfche dief ons grendelen ontfloot,
En ftal ons uyt ons, door de reeten van den dood?
Twee oogen van gelas, van fenuwen en water
En dienen daer niet toe, die fijn ons met den kater
En met de kat gemeen, en alle beesten fien;
Maer God heeft onfe fiel met beter Licht verfien.
Daer flaet een ander ftrael naer binnen op wat rijckers:
De wijfe luyden fijn haer eighen verrekijckers,
En die fich wel gebruyckt en hoeft geen Brillen meer,
En die fich foo gebruyckt magh fuchten en niet meer
Om een verlooren oogh, maer laet hem met fijn Reden
Den overighen dagh aen God en Hem befteeden;
Hy heeft de fiel vol werks, en in die bezigheid
En fal hem niet een uer, niet een voor de ydelheid
Der Eeuwen over fijn; door de Eeuwen van daer boven
Sal fijn gedachte gaen; Hy fal God moeten loven
Voor de ongemeene gunst, die hem den hellen dagh,
Die hem het eeuwigh licht, dat ooghe nooyt en fagh,
Nooyt menfchen hert begreep, met fijnes herten ooghen
By voorraed open doet en voor de hand beoogen.

Na

. Na breedvoerige uitweiding , dat zelfs Heidenfche Wijsgeeren, zonder éenigen troost van
den Godsdienst, het zedelijk boven het zinne-
lijk licht gefteld hadden , gaat hij over , om
de wereld te befchouwen , zoo als zij is , en
niet zoo als dezelve zijn moest.

De Wereld valt te nauw voor all' de blinde gecken:
 Want *Parthenine* lief 't is niet de moeite waerd
 De blinden gae te flaen, die hier en daer ter aerd
Den kruisweg buyten Ste en binnen overkarmen.
De blinde rijck en eel verdringen flecht' en armen.
 En wilt ghy met my gaen en wandelen door 't flijck
 Van 's werelds vuyle ftraet, fie wat wy ongelijck
Meer blinden, meer en ongeneefelijcker blinden,
Dan wy fijn, by den wegh fchier blind'lings fullen vinden.
 My maelt een langhe lijst van blinden in het hoofd,
 Sy moeten er eens uyt , en foo ghy my gelooft,
Wy fullen Valcken fijn en hebben Arends oogen,
En feggen: God fy danck, die ons in fijn medoogen
 Maer één oogh en ontnam en beide nemen moght.

 En hierop begint het algemeen overzigt :
dit gaat over Gezonden en Zieken , Gerusten
en Onrustigen , Gierigen en Kwistigen, Prach-
tigen, Magtigen, Eerzuchtigen, Wellustigen,
Nijdigen, Tootnigen, Vrolijken en Treurigen;
Bezigen en Luijen, Moedigen en Blooden, Jon-
           gen

gen en Ouden, Juffrouwen en Heeren, Kake-
laars en Zwijgers, Zingers, Springers, Jaloer-
fchen, Jagers, Tuyfchers, Pleiters, Hovelingen,
Lieden van Letteren, Schilders en Dichters.

Gaarne zoude ik eene proef geven; dan de
keus uit zóó veel fraais en nuttigs is moeijelijk;
liever verwijs ik de Lezers tot het dichtftuk
zelf; volgt men deze aanwijzing, men zal eene
aangename lezing en menige nuttige leering erlangen.

HUYGENS befluit dit overzigt met het volgende:

Daer fijn noch blinden meer, —
Geloof my, *Parthenine!* ick wist er meer te vinden
   Dan ick er heb ontdekt, en hoe ick verder kom,
   Hoe ick meer blinden vind, voor, achter, en rond om.
Maer klein' en acht ick niet, daer is mijn pen te fier toe,
De lompe walg ick van, daer is mijn inckt te dier toe,
   De wijfe fchrick ik voor, de groote fie ick aen,
   Gelijck de kinderen het aenficht van de Maen,
Sy ftaen my wat te hoogh, en dan fy hebben ftralen
Daer geen verfet op is; ick heb er wel fien halen,
   Dien 't luste veel behaels; fy fchieten diep, van verr,
   Gelijck de fonne doet en d'allerminfte fter.

Hierna volgt een overdeftig flot. HUYGENS
wijst zijne Vriendin op de Goddelijke wijsheid
O                    en

en liefde, die in alle zijne gewrochten, vooral in het maakfel van het menfchelijk ligchaam, doorftralen. Hoe goed is het, onder andere, twee oógen te hebben:

Daer nu een tweeling fterft, daer kan een tweeling trooften.

En hierna wordt zij verwezen naar de beste fchool van geduld, — naár de fchool van JEZUS,

Die als geduldighe ter dood des Cruyces toe
Aen ons fegt: Laet u fien en laet uw weldoen blincken,
Soo dat Gods heerlijckheid en uw eer t'famen klincken.
  Dus, *Parthenine*, (want wy fijn elkander moê
  Getrooftet) weder naer den Pottebacker toe.
Hem volgen voegt de kley; en breeckt hy ons tot fcherven,
Ons hopen ftaet in hem, al foud hy ons doen fterven,
  En fluyt hy ons een oogh of twee eer 't avond is,
  't Is om een fchooner licht; 'k weet dat ick niet en mis;
Ick fpreeck een heyligh woord; laet ons op 't hoogfte lot fien.
Blind en onblind is een. De Vroomen zullen God fien.

Wonderlijk is de loop der menfchelijke zaken: het verlies van het oog van TESSEL-SCHADE fchonk ons dus drie Dichtftukken, heldere fieraden van onze Letterkunde; hare fmart geeft ons nu genoegen.

(57) Bl. 60.

Ik heb dezen Brief als een *fac fimile* van haar Handfchrift doen graveren. Deze brief was mij door de heuschheid van den Heer Mr. T. VAN LIMBURG verftrekt. Dezelve bezit nog eenige andere briefjes van hare hand. — Het Handfchrift van ANNA, op dezelfde Plaat gebragt, is het eenigfte, 't welk van haar mij ter hand kwam; het ftaat in een keurig Exemplaar van ROEMERS *Zinnepoppen*, thans in eigendom van Mr. J. A. CLIGNETT. Dat SCRIVERIUS een van hare bloedverwanten was, verfpreidt nog eenig licht over de gunftige ontwikkeling van hare verftandelijke vermogens.

(58) Bl. 60.

Ik vond deze Zinfpreuk, behalve onder dien Brief, bij verfcheidene Dichtftukken. Hoe haar Blazoen of Zinnebeeld is geweest, ben ik niet volkomen zeker; onder ROEMERS *Zinnepoppen* is een op deze fpreuk, bl. 71; waarfchijnlijk heeft zij dit gevoerd; weshalve ik het op den Titel geplaatst heb.

Het onderfchrift is:

Niemandt doet wat om fonst, 't heeft altijdt fijn waerom,
Al lijkt het fomtijdts aers, want ieder gaet vermom.

O 2

(59) Bl. 60.

VONDEL. — Deze Zang, zie *Poefy*, D. II.
bl. 411, doelt zeker op eene ons onbekende
omftandigheid; en het is hierdoor, dat ik niet
kan nagaan, in welke betrekking TESSELSCHA-
DE, voor wie dezelve gemaakt is, met dezen
Zang ftond. Ik lasch denzelven hierom niet in.
Merkwaardig is het, naar mijne gedachten, dat
in het laatfte gedeelte van dit Lied eene duide-
lijke overeenkomst is met fommige deelen van
het beste Dichtftuk van GIJSBERT JAPIKS,
*Tjesck Moars See-aengfte*, (zie *Friefche Rijm-
lerij*, bl. 78.) onlangs door BILDERDIJK zoo
fchoon nagevolgd met den naam van *Grootmoe-
ders Klagt*, (zie *Mengelingen*, D. IV. bl. 49.)
Wie in dezen nu de voorganger zij, VONDEL
of GIJSBERT? durf ik niet beflisfen. De Fries
heeft het zeker in zijnen jeugdigen leeftijd bewerkt, voor dat zijn fmaak door GABBEMA en
anderen was bedorven.

De *Opdragt* der ELECTRA is zeer belangrijk. Na uitgeweid te hebben in de Gefchiedenis van het ftuk, en over de moeijelijkheid
van het vertalen uit het Grieksch, eindigt hij
dezelve als volgt:

*Rijm en maet, waer aen de vertolcker ge-
bonden ftaet, verhindert oock menighmael,*
                                                   *dat*

dat de vertaelder niet zoo wel en volmaeckte-
lijck nafpreeckt, 't geen zoo wel en heerlijck
voorgefproken word, en yet van d' eene tael in
d' ander door eenen engen hals te gieten, gaet
zonder plengen niet te werck ; een zaeck, die
Ghy, wijze 'en vernuftige Joffrou, machtigh
zijt te oordeelen door ondervindinge in 't ver-
taelen van uwen Tuscaenfchen TASSO, zoo
menighmael Ghy voor Jerufalem, met zijnen
dapperen BULJON, dien Christen - oorloogh
voert ; waer over wy, met anderen vast ver-
langende, eens hopen te vieren, zoo dra uwe
hand het heiligh graf, met d' yverige pen, gelijck GODEFROY met den gewijden zwaerde,
hebbe bemachtight. Uwe bezigheid ondertusfchen by poofen wat uytgefpannen zijnde, om
de fnede van vernuft en zinnen, door het al
te ftadigh blocken, op een zelve werck niet te
verftompen, verquickt en zegent zomtijds den
Hollandfchen Parnas met cenen lieflijcken en
aengenamen dauw van aertighe fpitsvindighe-
den en geestighe bloemen , en druckt uwe
fchrandere gedachten, in verfcheide taelen,
geluckiglijck uyt, en koomt zelve op welgeftel-
de toonen van leckere poefy al zoetelijck en
zachtelijck, gelijck het luyftrende hart naer
den kittelenden galm van luyten en fluyten ;

O 3
waer-

*waerom wy onze* ELEKTRA *voor uwe voeten,*
*als eene der Hemelfche Zanggodinnen, opof-*
*feren.*

(60) Bl. 60.

Zie BREDEROO'S *Werken*, 1644. Uit dezen druk zag ik tevens, dat het Blijfpel,
*Schijnheyligh*, onder HOOFTS Handfchriften
gevonden, het werk van BRÉDEROO is; zie
mijne *Redevoering over* HOOFT, bl. 57. Dit
ftuk, in alles met het gefchrift overeenkomen-
de, is daar gedrukt.

(61) Bl. 60.

Zie *Korenbloemen*, bl. 1091. Dit deftig en
krachtig dichtftuk verdient bijzondere onderfcheiding. Het komt mij tevens voor, dat het
hier op volgend vers: *Aen eene fchoone Weduw*,
ook aan haar zal gerigt zijn geweest.

(62) Bl. 60.

Dit vers ftaat alleen in den zeldzamen eerften
druk zijner Werken van 1649. Vreemd is het,
dat zulks in de latere uitgaaf van 1688 is weggelaten, 'twelk het niet verdiende. — BRANDT
fchrijft, in zijne *Historie der Reformatie*, D. I.
bl. 38. a, het antwoord van HOOFT over de
vraag

vraag der Akademie (zie dezelve *Redevoering*,
bl. 66.) ten onregte aan TESSELSCHADE toe.

(63) Bl. 60.

TESSELSCHADE fchreef, na het overlijden
van BARLÆUS, aan *den Poëet* BOETIUS VAN
ELSLAND:

Uw grijze jeucht heeft ons van jongs af iets belooft,
Dat krachtiger zou zijn als toen was af te meeten.
Nu hebt gy 't geurig pit eergierig opgegeeten
   Van BAERLEN, en geniet den orber van dat hooft;
   Zijn klaarheit blinckt in u, z'en is niet uitgedooft,
Gelijk de ijver zeidt; zijn geest blinkt door de reeten
Van uw verftandig dicht. Hy heeft hem wel gequeeten,
   Na dat hy was van HOOFT, zijn vrindt, en zin berooft.
Zoo vrindlijk was zijn aart, zoo trouw zijn vrindlijkheden,
Dat z' hem met zoet gewelt van hier verhuizen deeden.
   Is hy verhoogt van plaats, wat dient er dan geweent?
Verbetert zijn geluk met oogen uit te weenen?
De Wijsheit wil dat niet; het Amfterdamfche Athenen
   Dat neem u voor hem aan, als zuigling wel gefpeent. (*)

(64) Bl. 61.

Ik heb vergeefs naar dit dichtftuk gezocht.
Dat zij den Vrede van *Munfter* bezong, blijkt,

on-

(*) *Apollo's Harp*, 1658.

onder meerdere, uit de *Gedichten van JAN
VOS*, bl. 121, die in zijnen Vredezang meldt:

De fchrandre TESSELSCHA, die Salems ftarke fchanfen
Met GODEFROY, om de eer van heilge lauwerkranfen,
   Langs TASSOS fpoor beftormt, verlaat Jerufalem,
   En zingt aan de Aemftelftroom, maar met een fcheller ftem.

Dat deze Dichter haar ook hoogelijk vereerde, blijkt uit vele plaatfen van zijne werken.
Op bl. 213 is eene aardige aanfporing aan haar,
om HUYGENS te bewegen, de belegering van
het *Sas van Gent*, in 1644, te verlaten, om
bij de vrolijke gasten op het Huis te *Muiden*
te komen; hetzelve volgt; de Brief van HOOFT,
N°. 731, is hiertoe betrekkelijk.

## AAN JUFFROUW

## TESSELSCHADE VISSCHERS, &c,

Op, beroemde TESSELSCHADE!
Stuur uw ftem naar 't puik der Ridd'ren,
Daar men door de busgranaade'
't Overftarke *Sas* doet fidd'ren:
Vrees niet dat de klank zal fmooren,
Zangen dringen zelf deur fteenen,
't Oorlog zal haar ijzer' ooren
Zelver aan uw gorgel leenen;

                         Want.

Want de galm zal deur de drommen,
Deur het blixemen der klingen,
Dwars deur 't rammelen der trommen,
In de tent van HUYGENS dringen.
Hier gaat hij het krijgsmut wegen,
In de fchaalen van zijn oordeel.
HUYGENS brein is FREEDRIX degen.
Schrandre doen de dappre voordeel.
Zing dan dat wij zijn gezeten
Aan den disch der poëzije,
Daar het Hooft der hooftpoëeten
Ons met zulke lekkernije'
D' ooren ftaadigh komt onthaalen.
Dichtkunst kan de zinnen wetten.
Noodt hem in de *Muider* zaalen,
Op APOLLOOS oorbanketten.
Wijsheidt past op zulke feesten;
Niet om lesfen te ontfangen,
Maar om aan de mindre geesten
Saus voor het vernuft te langen.
't Oor laat zich door kunst verzaade'.
Hierop zal hij weder zingen:
Zeg den Drost, ô TESSELSCHADE!
Dat ik, fpijt de donderingen,
Spijt de naare moordgefchreeuwen,
Na zijn fchelle luit ga luisteren.
Zeg hem, dat het Hooft der leeuwen
't *Sas* alree begint te kluisteren.

O 5

Stouten vreezen voor geen wallen.
Strijdbre willen zége haalen:
Maar wie als AUGUST wil brallen,
Moet het meest met bloedr betaalen.
Koude klingen, heete looden,
IJz're mannen, ftaale handen,
Noch het vallen van de dooden,
Kunnen 't Heir met fchrik aanranden.
Helden weten van geen faagen.
Wie de landen vrij wil heeten,
Moet zich voor de landen waagen.
Als mijn Veldtheer 's vijands keten
Heeft gebroken door zijn dege',
Zal ik, na de woeste buien,
Ook deelachtig aan de zege,
Komen op het Huis te Muien.
Hier zal ik mijn brein verlusten,
In den hemel van mijn vrinden.
't Oorlog moet bij poozen rusten.
't Zwaardt laat zich bijwijl ontbinden.
Zoo zal HUYGENS gorgel klinken
Langs d'Oranje legerpaade',
Daar de blanke lemmers blinken.
Zing, doorluchte TESSELSCHADE!
Bind zijn ooren aan de koorden,
Aan de ketens en de zeelen
Van uw gouden Godewoorden.
Maatgezangen zijn gareelen.

(65) Bl. 63.

‚ Dit Graffchrift is bij HUYGENS vier regela
langer.

Leert lijden met beleid,
Die van wat liefs moet fcheiên.
Had dit hert uitgebloed en tijdig willen fchreijen,
Nog fchreide TESSELSCHADE en waer nog onbefchreid.

Om den onzin, dien de laatfte regel zoude
hebben na zoo veel tijdsverloop, heb ik deze
bij het uitfpreken weggelaten.

Over het algemeen heb ik minder Lijkdichten
in de werken der voornaamfte Dichters gevonden, dan ik verwachtte. JAN VOS heeft een
zeer uitgeftrekt gegeven; dan bijna in geen
zijner verzen heb ik meer letfel gevonden van
zijn te welig en onbefnoeid vernuft, dan in dit
vers, en neem het derhalve niet over. Het is
te vinden in zijne *Gedichten*, D. I. bl. 685.

(66) Bl. 64.

Een geleerd en verftandig Man vroeg mij,
of er ook blijken waren, dat de beide Zusters
in onafgebrokene vriendfchap hebben geleefd,
en befchouwde dit als eene gewigtige karakter-
kundige bijzonderheid, vermits zij, door dat
beide zich in vele opzigten op gelijke vakken
van

van kunst en wetenfchap toeleiden, in de meerdere of mindere mate van goedkeuring geftadige
prikkels, ten minfte tot naijver, zoo niet tot
nijd en afgunst, moesten ondervinden. Ik heb
met de meeste naauwkeurigheid nagegaan, of
ik deze vraag voldoende konde beantwoorden,
en ben zoo ver geflaagd, dat ik zeggen durf,
dat er geen zweem van het beftaan van eeni-
gén twist is, en dat ik daarentegen in de verzen van HOOFT en HUYGENS, aan de beide Zusters vereenigd gerigt, in de brieven
van HOOFT, waaruit onder meerdere blijkt, dat
ANNA hare Zuster te *Alkmaar* meermalen be-
zocht (*), en in de zekerheid, dat de eerfte
erfgename werd van de laatfte, ten minfte wenken vond om te kunnen zeggen, dat de beste eensgezindheid onafgebroken tusfchen beide
bleef voortduren, en dat dus ook te dezen
over beider karakter een beminnelijk licht te
verfpreiden is,

(67) Bl. 64.

*Kunstwerk harer handen.* — Om dit te bekomen, ben ik ongelijk minder geflaagd, dan ik
meende te mogen verwachten. — Of dit ver-

oor-

(*) Zie bij voorb. Br. 507.

oorzaakt zij, door dat de voorwerpen, waaraan de Zusters doorgaans hare kunst befteedden, zoo broos waren, of dat de bezitters van Kabinetten (*) van gefneden Glaswerk mijne uitnoodiging niet hebben gezien, durf ik niet beflisfen. Alleen weet ik, dat een Roemer, die met den voet drie flesfchen vochts bevat, bij den Heer DIJL te *Alkmaar* bewaard wordt; die door ANNA met verwonderlijke fchoonheid befneden is met de fpreuk: *Pacifici beati funt*, (*Zalig zijn de Vredemakers.*) (†) Ook zag ik nog van ANNA een Roemer, met de Zinfpreuk van HENDRIK LAURENSZOON SPIEGEL, *Deught verheught*, boven zijn Zinnebeeld, ARION op de Dolfijn. De letters waren veel fchooner dan het beeld. Het kwam mij voor, dat deze laatfte beker in hare jeugdige jaren bewerkt was. Ik heb mijne uiterfte vlijt aangewend, om te ontdekken, of er op de plaatfen harer woninge, te *Alkmaar*, *Dordrecht* en *Amfterdam*, geene glazen gevonden wierden; dan vergeefs. Volgens berigten, zou-

den

---

(*) Zulke Kabinetten moeten er beftaan. In 1807 zijn er ten minfte nog in *Amfterdam* twee groote partijen Roemers opgekocht, tot aanzienlijke prijzen.

(†) Dit is waarfchijnlijk dezelfde Roemer, waarvan melding is in HOOFTS *Brieven*, No. 738, als vervaardigd bij de verzoening van een vriendelijk gefchil.

den er te *Haarlem* en in *den Haag* nog ove-
rig zijn. Eene mijner Vriendinnen zag eens op
de eerfte plaats een klein drinkglas met eene
fpreuk. Om den jare 1750 bezat de Dichter
SPEX een anderen Roemer, door ANNA, in
1642, met een pruimpje en twee vlinders, en
de woorden: *Hospitalitatis ergo*, befneden,
en waarfchijnlijk aan HOOFT vereerd. SPEX
bedankte den gever, Mr. JAN HUGO VAN
STRYEN, Baljuw van *Oudewater*, met een
aardig gedicht (*), waaruit ik het volgende
meen te mogen overnemen:

> Heb dank voor 't kunstwerk, mij gefchonken,
> Op 't glas, door u mij toegedronken,
>   Gevuld met Nectar van den *Rijn.*
> Wat kunst? daar kenners op verflingeren.
> Wat glas? Door ANNA ROEMERS vingeren
>   *Herbergings halve* dus befneen,
> Dat beeld en letter aan kan duiden,
> Hoe vriendlijk haar het Huis te *Muiden*
>   Omving, nu ruim een eeuw geleen.

Uit het weinige, hetwelk ik van glasfchrift
gezien heb, komt het mij voor, dat het alle-
zins

(*) Dit geheele gedicht is te vinden in SPEX *Nagelatene
Werken*, bl. 41, en is lezenswaardig.

zins lof verdient , en dat haar werk bijzonder
veel overeenkomst heeft met dat van den geleerden Mr. WILLEM VAN HEEMSKERCK,
van wien nog vele glazen over zijn en ik eenige bezit. Ik zoude haar werk, wat de losheid
der letters en zwier der trekken en krullen betreft , boven het zijne durven ftellen ; dan de
regtvaardigheid verpligt mij tevens, te moeten
zeggen, dat het werk van ANNA MARIA VAN
SCHURMAN het hare nog te boven gaat.

Eens is mij eene teekening van een Land-
fchap, met het merk van ANNA voorzien,
vertoond. Had ze geene betere vervaardigd;
dan geloof ik zouden er geene lofdichten op
hare kunst verfchenen zijn. Het borduur- en
fchulpwerk van beide zal waarfchijnlijk door
den tijd vernietigd zijn.

De Heer Mr. P. VAN MUSSCHENBROEK,
wiens lust en kunde voor en aan alles, wat
Vaderlandfche Gefchiedenis en Kunst betreft,
alleen te vergelijken is met zijne dienstvaardigheid jegens Vrienden, bezat eene doos met oude Kleedingsftukken voor Vrouwen , met zijde
en koralen geborduurd. De zeldzame fchoonheid had zeker de bijzondere zorg der vorige
eigenaars ter bewaring veroorzaakt. Daar ik
mij herinnerde, bij HOOFT, Br. No. 198, van

ee-

eene *borst van gitte* gelezen, en bij BAR-
LÆUS, *Poem.* II. 431, eene klagte geyonden
te hebben over het hard en scherp sieraad van
den zachten boezem, rees bij mij de gedachte,
dat dit een en ander misschien, daar een borst-
stuk, met zwarte gitten geborduurd, het voor-
naamste stuk hiervan uitmaakte, het werk van
TESSELSCHADE zoude zijn. Alles werd weldra door heusche gifte mijn eigendom; dan ik
erlangde geene nieuwe gronden voor mijne gis-
sing. — Het oordeel van Vrouwen bevestigde
alleen, dat alles, wat de kunst en den smaak
der bewerking betreft, getuigt, dat dit het
werk is van eene meesterlijke hand en van een
geestig vernuft, en eener TESSELSCHADE
waardig; het is zeker van haren tijd.

De Heer BILDERDIJK mij verpligt hebben-
de met de vertaling van het versje van BAR-
LÆUS, laat ik beide volgen. Hij had het opschrift overgezet: *Op de zwart-koralen Klis,*
TESSELSCHADE *op de borst hangende.* Met
zijne voorkennis heb ik het veranderd.

IN LAPPAM PRÆFIXAM VESTI

# TESSELÆ.

TESSELA, *terribilem cur figis pectore lappam:*
  *Cur tribulos castis objicis uberibus?*
*Defendi cupis illa, quibus peccatur amando?*
  *Et custos viduae lappa pudicitiae est?*
*An, ceu lappa minax pungit, tu pungis amantes.*
  *Spinosumque aliquid saepe minatur amor?*
*An, quia se in formam contorquet lappa rotundam,*
  *Expers fraudis amas verba rotunda loqui?*
*An, quia se spinis distinguit pluribus illa,*
  *Tu quoque distinctis artibus una sapis?*
*Dixi; terribilem jam decute* TESSELA *lappam,*
  *Non es, crede mihi,* TESSELA *terribilis.*
*Quin potius mansueta, tuis virtutibus aptam,*
  *Pra lappa, Violam fige vel Euphrasiam.*

OP HET ZWART-KORALEN

# BORSTSTUK,

## VOOR *TESSELSCHADES*

## KLEEDEREN GEHECHT.

TESSEL, waarom zulk een borstweer voor den toegang
  tot uw hart?
Waarom voor dien blanken boezem zulk een oogverfchrik-
  kend zwart?

P

Zal

Zal dit git de liefde weeren, die, uws ondanks, u beloert?

Dit een zuiverheid befchutten, door geen vleitaal ooit
vervoerd? -

Toonen deze zwarte fpitfen, hoe ge uw minnaars fpits
durft biên?

Doen zy in die felle punten 't prikklen van de liefde zien?

Duidt de rondheid van dit fierfel op uw rondheid van gemoed,

Hollands Oud-Bataaffche rondheid, die gy in den boezem
voedt?

Tuigen zoo veel fpitfche ftralen zoo veel gaven van 't verftand?

Zoo veel minnelijke kunften, vaardigheden van de hand?

TESSEL, laat dat fchrikbeeld varen! Gy, geloof my,
hartvriendin,

Welk een Egis gy moogt dragen, boezemt nooit ver-
fchrikking in.

Zacht van inborst, zy die inborst door uw Zinftaal nagebootst!

Neem het needrig Veldviooltjen, of de lieflijke Oogentroost!

ANNA teekende het kunstwerk met de let-

ters: **AR** TESSELSCHADE met

(68) Bl. 67.

Het onderfchrift van dezelve is:

Die anders niet en kan als finghen, fpelen, tuyten,

Is geenfins fraey, foo deught en eerbaerheydt ftaen buyten.

(69) Bl. 69.

*Dichtwerk.* — Behalve het medegedeelde en aangewezene, heb ik van ANNA nog hier en daar een enkel dichtstukje gevonden in eenige reeds aangehaalde verzamelingen, zoo als onder andere een lofdicht op de vertalingen der werken van BARTAS door R. W. VAN BOETSELAER *tot Asperen*, hetwelk niet zonder poëtische waarde is. Zie ook *HUYGENS Korenbloemen*, bl. 251. — Van TESSELSCHADE vond ik ook nog wel iets meerder; dan, daar deze doelen op bijzondere voorvallen, die ons onbekend zijn, en waarbij wij derhalve de aardigheid niet kunnen vatten, laat ik dezelve onaangeroerd. — Er moeten van de laatste verscheidene verzen verloren zijn.

(70) Bl. 71.

Dit zeggen vereischt, mijns inziens, wel eenige nadere ontwikkeling. Waarlijk de Letterkundige Geschiedenis van ons Vaderland is, vooral wat het artikel : *Geleerde en kunstige Vrouwen*, betreft, bijzonder verwaarloosd. De naam van ANNA MARIA VAN SCHURMAN bijna alleen is algemeen bekend, door de welverdiende berigten, haar aangaande, in de werken van CATS ; dan wie kent haar karakter, hare ge-

P 2                    voe-

voelens en haar lot genoegzaam? Eenige le-
vensberigten van Nederduitfche Vrouwen, met
name die van ELIZABETH KOOLAERT, geb,
HOOFMAN, JOHANNA COERTEN, MARIA
SEBILLA MERIAN, CATHARINA LESCAILJE,
RACHEL RUYSCH, MARGARETHA GODE-
WIJK, zijn in de verzameling van *Levensbefchrijvingen van voorname, meest Nederlandfche, Mannen en Vrouwen* geplaatst; dan hoe
vele, misfchien even waardige, Vrouwen van de
zeventiende eeuw, CATHARINA QUESTIERS,
FRANSKE VAN DOJEM, SIBILLA VAN
GRIETHUIZEN en andere, verdienden even
zeer bekend te worden! — En hoe zeer is de
roem der Sexe in de achttiende eeuw geftegen!
LUCRETIA WILHELMINA VAN MERKEN
en JULIANA CORNELIA DE LANNOY fton-
den zeker in den eerften rang onzer Dichters.
ELIZABETH BEKKER, Weduwe WOLFF, en
AGATHA DEKEN, verdienden zeker eene bijzondere onderfcheiding in het rijk der fraaije
letteren. Gaf ik de namen der nog levende
Vrouwen op, die als Dichteresfen en Schrijf-
fters openlijk zijn voorgetreden, ik geloof zeker dat wij nog even zeer ons boven elk ander
Volk zouden kunnen verheffen, als onze Voorouders en Ouders immer hebben kunnen doen,

Mij

Mij zijn reeds meer dan honderd en vijftig Nederlandfche Vrouwen bekend, die eenig werk met haren naam hebben uitgegeven, of wegens kunst vermaard zijn geworden. Welk een ruim veld dus voor aangenaam onderzoek! Welk eene eere zoude het Vaderland gebeuren, indien een bekwaam Schrijver zijnen lust konde wijden en zijnen tijd befteden, om de *verftandelijke* waarde der Nederlandfche Vrouwen naar eisch in het licht te brengen! Welk eene aanmoediging zoude het Schoon Geflacht erlangen, om hare uitmuntende vermogens meer en meer tot nuttige einden te oefenen!

Dat over de *zedelijke* waarde onzer Vrouwen niets volledigs afzonderlijk is gefchreven, laat zich beter verklaren uit de moeijelijkheid der taak. Der Vrouwen deugd is ftil en nederig en maakt geen gerucht; zij blinkt alleen in den ftillen huisfelijken kring, en niemand dan de Echtgenoot, de Zoon, de Broeder leert de uitftekende zedelijke waarde van velen kennen. Als deze naar verdienfte konde ten toon gefteld worden, hoe zouden wij Nederlanders ons dan kunnen verheugen en verheffen! — Vader CATS had voor zijne treffende en leerrijke tafereelen, in het nooitvolprezen dichtwerk, *het Huwelijk*, de kleuren van het palet der ondervinding ont-

P 3                                        leend;

leend ; en besluiten wij uit de stille en onge-
kende deugden van onze Moeders, Vrouwen en
Zusters, tot die van andere, hoe velen zijn er
dan , die met *mij* durven verzekeren , dat de
beschrijvingen van de zedige Maagd, de eerbare Vrijster , de ingetogene Bruid , de kuische
Vrouw, de immer zorgende Moeder, de godvruchtige Weduw, door dien nuttigen Dichter,
onder ons nog geene idealen , geene hersen-
schimmen zijn !

De afbeelding van TESSELSCHADES gelaat
heb ik doen vervaardigen naar eené schoone oor-
spronkelijke schilderij , door mij onlangs alhier
gekocht bij een Kunstkooper , die dezelve
reeds verscheidene jaren als het Portrait van
haar bezeten had ; de vergelijking van dezelve
met de teekening van GOLTZIUS bragt mij en
bekwamer kenners buiten allen twijfel. Wie de
maker zij , bleef mij onzeker ; dan, naar het
oordeel van deskundigen , is 't , vooral om
eene bijzonder fraai geschilderde hand, het
werk van een groot Meester, waarschijnlijk van
J. BAKKER.
Ik had reeds eene teekening laten maken naar
de reeds gemelde afbeelding, waarnaar de be-
kwa

kwame PLOOS VAN AMSTEL eene keurige prentteekening in zijn beroemd werk heeft gegeven. — Die uitgaaf moet toen reeds aangenaam zijn geweest aan de beminnaars onzer Letter- en Dichtkunde; ten minfte is dezelve zeer fchaars, en er zouden toen ook door Dichters bijfchriften vervaardigd zijn; dan deze kwamen mij niet ter hand. Ik zag alleen, op den afdruk, dien de beroemde Dichter, PIETER HUISINGA BAKKER, in zijne kamer hing, door denzelven gefchreven:

Is TESSELSCHADE u vreemd, zo moogt gy weten
   Dat zy een telg van ROEMER VISSCHER was,
Dat ze in den kring der zangren was gezeten
   En met haar ftift fchreef geestig op het glas.
En wilt ge meer verdienfte en gaven vinden,
Spreek HUYGENS, HOOFT en VONDEL, hare vrinden.

Onlangs is haar naam, wel met lof, doch geenszins gelukkig, ten tooneele gevoerd door A. LOOSJES PZ., in deszelfs Tooneelftuk: HUIG DE GROOTS *tweede Ballingfchap, of Vlugt uit Amfterdam.* De vinding, om zich als eene oude Vrouw, van Tooverij befchuldigd, aan DE GROOT voor te doen, zal een ieder als beneden het verftand van TESSELSCHADE moeten befchouwen, die zoo wel als

DE GROOT wist, dat de Hekfenprocesfen des
tijds reeds in *Amfterdam* geheel ophielden.

Meer naar waarde is nog later, zoo wel de
roem van haar, als die van haren Vader en hare
Zuster, verkondigd, in het fchoone werk van
mijnen Vriend JERONIMO DE VRIES, getiteld: *Proeve eener Gefchiedenis der Nederduitfche Dichtkunde*, D. I, hetwelk mij, weinige
dagen vóór het drukken van dit blad, ter hand
kwam. Het is hier de plaats niet, om uit te
weiden in den lof van dit werk, hetwelk zeker
een groot gebrek in onze Letterkundige Gefchiedenis uitftekend vervult, en aan onze
Dichtkunst zoo veel glans en nut zal bijzetten,
als het den roem en de eer van de Maatfchappij, die den Schrijver tot dezen arbeid uitlok-
te, en van dezen zelven, vermeerdert en be-
vestigt. Ik meld dus kortelijk, dat op bl. 58
de beoordeeling van de dichterlijke waarde van
ROEMER VISSCHER begint, en dat op bl. 60
die van de Dochters aanvangt. Meesterlijk is
aller lofspraak in weinige regels bevat. De
dichtftukjes, door ons op bl. 66 en 67 medegedeeld, zijn aldaar ook ingeweven. Bij het
vermelden van den lof en de waarde van BAR-
LÆUS, is aan het versje, door ons op bl. 57
gegeven, insgelijks eene plaats ingeruimd.

Vroe-

Vroeger vond ik een bevallig dichtftukje,
door Mejuffrouw CORNELIA ANNA NOZE-
MAN, thans de Echtgenoote van mijnen Vriend
PIETER VAN DER BREGGEN PAAUW, vervaardigd, ter gelegenheid dat de Uitgevers van
den *Almanak voor Vrouwen door Vrouwen* dien
op het jaar 1798 verfierden met een niet onaardig plaatje naar de groote prent van PLOOS
VAN AMSTEL.

Met de dankbare vermelding van deze hulde,
door eene Vaderlandfche Vrouw aan TESSEL-
SCHADES verdienfte bewezen, meen ik waardiglijk mijnen arbeid te befluiten.

## AAN DE

## NAGEDACHTENIS

### VAN

## MARIA TESSELSCHADE VISSCHER.

Hieven eertijds groote Dichters
Voor uw' naam een loflied aan;
TESSELSCHADE! zaagt ge uw fchedel
Soms gekroond met lauwerblaên;
Heeft een HOOFT, vereend met HUYGENS,
Uwe fchranderheid geroemd;
Vlochten zij u vaak een kransje
Van het eelst, het fchoonst gebloemt':

Gij

Gij hebt door bevalligheden,
   Door vernuft en kunstbeleid,
Door de vlugheid uwer ving'ren,
   U een eerezuil bereid.
Door uw hand is 't broze fchepfel
   Duurzaam als het marmerfteen.
't Glas voert keur van dicht- en fchrijfkunst
   Met uw' naam door d' eeuwen heen.
Opend' gij uw' lieve lippen,
   Roerdet gij uw' vlugge tong,
Liet ge u keur van taal ontglippen,
   Als gij bij uw fpeeltuig zong, —
Goden en Godinnen dachten
   Dat hun kroost herleefde op aard',
VENUS keurde u dan haar rozen
   En APOL' zijn fpeeltuig waard',
Dan bood u MERCUUR zijn goudfchat,
   Opgegaard door koopbeleid,
Dan had HYMEN bij uw trouwfeest
   Zelf 't beftier der plegtigheid.
Pronk dan, Vrouw zoo vol begaafdheên!
   Waardig uw verheven ftand,
En vermeer 't getal dier Vrouwen,
   Sierfels van hun Vaderland.
Mogt, ô lieve TESSELSCHADE!
   't Bloempje groenen op uw graf, —
't Bloempje, dat en liefde en achting
   Aan uw nagedacht'nis gaf.

                        't Kan,

't Kan, 't is waar, uw zerk niet fieren
 Naar verdienfte of naar waardij;
Want wie ftreefde in kunst of oordeel
 Of vernuft u ooit nabij?
Leef dan, Zangfter! die zoo vrolijk
 Kunst voegt bij bevalligheid,
Die, zoo zedig als uitmuntend,
 Haar der deugd hebt toegewijd.
Wek der Vrouwen zucht tot kunde,
 Kweek der Maagden zachte zeën.
Zoo ftraal' 't licht van 't vrouwlijk oordeel
 Over dood en grafzerk heen;
Zoo hang' nog het late nakroost
 Voor uw beeld een lofkrans op,
En voer', door u na te ftreven,
 Neêrlands Vrouwenroem ten top!

## BERIGT voor den BINDER.

---

De Uitgever ftelt den eigendom van deze Platen, ook tegen het nafnijden van dezelve voor Almanakken, onder de befcherming van de Wet.

CPSIA information can be obtained
at www.ICGtesting.com
Printed in the USA
BVHW041935260219
541216BV00017B/406/P

9 781167 581601